MULHER, PARTO E PSICODRAMA

Dados Internacionais de Catalogação na Publicação (CIP)
(Câmara Brasileira do Livro, SP, Brasil)

Pamplona, Vitória Lúcia.
   Mulher, parto e psicodrama / Vitória Pamplona. – São Paulo :
Ágora, 1990.

   Bibliografia.
   ISBN 85-7183-076-2

   1. Gravidez - Aspectos psicológicos   2. Mulheres - Psicologia
   3. Parto (Obstetrícia)   4. Psicodrama   I. Título.

	CDD-618.24
	-150.198
90-2296	-155.633

Índices para catálogo sistemático:

1. Gravidez : Preparo para o nascimento :
   Obstetrícia   618.24
2. Mulheres : Psicologia   155.633
3. Parto : Preparação para o nascimento :
   Obstetrícia   618.24
4. Preparação para o parto : Obstetrícia   618.24
5. Psicodrama : Método psicanalítico   150.198

Compre em lugar de fotocopiar.
Cada real que você dá por um livro recompensa seus autores
e os convida a produzir mais sobre o tema;
incentiva seus editores a encomendar, traduzir e publicar
outras obras sobre o assunto;
e paga aos livreiros por estocar e levar até você livros
para a sua informação e o seu entretenimento.
Cada real que você dá pela fotocópia não autorizada de um livro
financia o crime
e ajuda a matar a produção intelectual de seu país.

MULHER, PARTO E PSICODRAMA

VITÓRIA PAMPLONA

EDITORA
ÁGORA

MULHER, PARTO E PSICODRAMA
Copyright © 1990 by Vitória Lúcia Pamplona
Direitos desta edição reservados por Summus Editorial

Capa: **Isabel Carballo**

Editora Ágora
Departamento editorial:
Rua Itapicuru, 613 – 7º andar
05006-000 – São Paulo – SP
Fone: (11) 3872-3322
Fax: (11) 3872-7476
http://www.editoraagora.com.br
e-mail: agora@editoraagora.com.br

Atendimento ao consumidor:
Summus Editorial
Fone: (11) 3865-9890

Vendas por atacado:
Fone: (11) 3873-8638
Fax: (11) 3873-7085
e-mail: vendas@summus.com.br

Impresso no Brasil

Dedico este trabalho

Aos que foram fundamentais na minha vivência de maternidade:
 meus pais: Mauro e Noemi (*in memoriam*)
 meus filhos: Gabriela, Lucas e Juliana
 pais de meus filhos: Geraldo e Delzir

e àqueles com quem partilhei minha prática:
 Martha Zanetti e Cristina Vianna, no CEAMI
 Margareth Rose Garcia, Geralda de Freitas e
 Maria das Graças Rego Batista, em Caxias
 homens e mulheres, clientes dos grupos e àquelas que aqui
 deixaram consignados seus depoimentos.

À Professora Dr.ª Esther Arantes, por seu incentivo e compreensão.
Ao Professor Ronald de Carvalho Filho, por seu apoio durante minha formação em Psicodrama.
Ao Dr. Bartolomeu Câmara França, por sua supervisão técnica, ao longo destes anos, quanto aos aspectos anátomo-fisiológicos e médicos da gravidez, parto e puerpério.
À Professora Maria Teresa de Melo Barreto Campelo, pela sua leitura deste trabalho e suas sugestões.
A Anésio Pereira Dutra, pela revisão da redação.
À Professora Maria Julieta Costa Calazans, por seu empenho na obtenção de bolsas para os alunos do Instituto de Estudos Avançados em Educação (IESAE-FGV).
A todos que me deram apoio das formas mais diversas: animando-me, emprestando livros e local para trabalhar, traduzindo textos, revisando redação, datilografando minutas, cuidando de Juliana, minha caçula.
Agradecimentos especiais a Gabriela e Marcos, pelos sábados e domingos passados com Juliana, e a Paulo dos Anjos Matias, pela dedicação na datilografia final deste trabalho.

ÍNDICE

APRESENTAÇÃO — Um depoimento — Neila Tavares 9
INTRODUÇÃO 13
CAPÍTULO I — PARTO: A REALIDADE 21
1. A realidade 21
2. A fala da mulher 24
3. Refletindo sobre a realidade 27

CAPÍTULO II — QUESTIONANDO A REALIDADE:
OS MÉTODOS DE PREPARAÇÃO PARA O PARTO 41
1. O método psicoprofilático 41
2. A psicanálise 42
3. As técnicas de intervenção em crise e psicoterapias breves .. 45
4. O psicodrama 48

CAPÍTULO III — QUESTIONANDO A REALIDADE:
NOSSOS GRUPOS DE PREPARAÇÃO PARA O PARTO 57
1. Objetivos e características dos grupos 57
2. Temas gerais 61
3. Os temas específicos 72

CAPÍTULO IV — RECRIANDO A REALIDADE:
OS RESULTADOS DO TRABALHO 79
1. A contestação da conserva cultural "parirás com dor" 79
2. Prevenção de complicações no parto 83
3. Transformação da "paciente" em cliente e agente social 85

BIBLIOGRAFIA 99

Na esfera humana, é impossível entender o presente social se não tentarmos mudá-lo.

J. L. Moreno

UM DEPOIMENTO

O parto era a dor. Bíblica, punitiva, insuportável. A dor e o medo. Um medo de morte. Medo indefinido, da transformação, do desconhecido, do que era só mistério no meu corpo. E quando Martha Zanetti disse que havia prazer naquela dor, qualquer coisa que se assemelhava ao orgasmo na expulsão do filho, foi como se eu acordasse para mim mesma, para o momento que estava vivendo, para meu filho, minha relação com o cosmo, a comunidade, o trabalho, o homem, a família, a mulher. "A gravidez não acontece só no corpo. Onde mais acontece?" — perguntam as instrutoras nos grupos de preparação para o parto.

O trabalho de Vitória Lúcia Pamplona, Martha Zanetti e Cristina Vianna, abria uma nova perspectiva de vida e de relação com o mundo. Acompanhei de perto o CEAMI. Percebi o quanto existe de fundamental na descoberta que a mulher faz de seu corpo, de seus processos. Era uma trajetória de transformação política. Vitória ampliava-se na psicologia para uma proposta de mudança no comportamento social. A começar da gravidez — da aceitação ou não daquela mulher de sua prenhez — passando pelas relações homem-mulher, família, instituição, trabalho, comunidade, Estado até se expandir, no mais absoluto lirismo, às relações com o próprio universo.

Digo lirismo sem medo. Porque a poética não estaria ausente aqui. Nem mesmo a linguagem deixava de ser mexida. Mulheres conscientes da condição feminina, resgatadas da opressão de seu afeto, integradas no direito ao amor e ao conhecimento do próprio corpo, livres para optar no exercício de sua sexualidade e de sua maternidade, começavam a invadir comunidades, escritórios, meios de comunicação, também de uma linguagem nova. Uma linguagem impregnada de poesia e de alegria: "As mulheres, elas são ainda o testemunho da Natureza em nós. Porque nós temos ciclo, a gente pulsa, a gente menstrua, o peito se expande, pinga leite... Nós temos fluxos, temos frutos." — este texto abre o vídeo Conversa de Mulheres, produzido pelo Grupo de Saúde Nós Mulheres, que documenta este e outros trabalhos.

O cientificismo frio, matemático, puramente racional, perdia espaço aqui. O lirismo continuava invadindo as universidades, os salões acadêmicos, femininamente. E quando o texto que compõe este livro de agora foi apresentado, na forma de tese de mestrado, na Fundação Getúlio Vargas, Rio de Janeiro, vi, pela primeira vez neste tipo de ocorrência, a platéia chorar.

Lembro que a base de meu trabalho pessoal de preparação para o parto de minha segunda filha (a primeira nasceu de uma cesariana opcional, pré-datada) era o de que a emoção precisava estar ali, presente, expressa, exposta. Entendi que um sentimento tão grande quanto o da hora de parir, não podia ser contido sem que eu pagasse por isso um preço muito alto. Era preciso gritar, chorar, se tivesse o desejo de fazê-lo. Mesmo que a instituição (o hospital, o médico, as enfermeiras) tentasse reprimir. Entendi que o parto era meu — meu e de minha criança —, me pertencia, e que era preciso lutar pelo direito de me emocionar, de sentir prazer, sim, no meu parto (por que não?), de compreendê-lo como parte de minha sexualidade e, principalmente, de vivê-lo do jeito que eu bem entendesse.

Sabia agora de meu corpo, de meu organismo, conhecia os processos. Mas sabia também que — lamentavelmente — era preciso lutar contra o médico ansioso, proibido de se emocionar, que aprendeu a apressar partos, furar bolsas, anestesiar para que a parturiente não "atrapalhe" o seu trabalho, proibir a presença do pai na sala. Da enfermeira reprimida, que toda a vida aprendeu que nobre e bem-educado é conter a emoção, preconceituosa em relação ao prazer e à sexualidade, acostumada à idéia de relacionar maternidade a sofrimento e dor. Da Casa de Saúde que lhe arranca o filho recém-nascido que é seu, para só lhe permitir vê-lo dentro de seus horários e burocracia, que afasta o pai e a família. Médicos que não permitem a primeira amamentação ainda na sala de parto, sob o argumento de que o colostro "não serve para nada" e que a mãe só deve tocar o bebê depois da chamada "higiene". Tudo como que engenhosamente organizado para reprimir o afeto e o prazer, criar traumas em mãe e filho. Era preciso entrar na sala de parto como uma guerreira.

Eu queria viver cada momento, cada segundo dessa hora. Aprendi no CEAMI que quando a dor chegasse, devia tentar abraçá-la, acariciá-la, em vez de contrair e me defender — só assim descobriria que essa dor específica é também prazer. Sabia que mesmo o mais honesto e generoso dos médicos precisaria mais do que a Medicina, a Ética e as boas intenções para "permitir" um bom trabalho de parto:

era necessário que ele tivesse ainda bem resolvidas as suas relações com a mulher, a mãe, a Natureza, com a própria sexualidade. Conhecia os nomes de injeções aplicadas com a intenção de "acalmar" a mulher em trabalho de parto, que poderiam me deixar dopada, impotente para perceber e sentir. Desafiava mitos como "uma vez cesárea, sempre cesárea", para tentar o parto normal. Marta nasceu em 1981, em grande prazer.

Sabemos que a poucas mulheres é dado escolher as condições de seu parto. Uma grande maioria, nos hospitais públicos, fazem o parto que lhes é possível, com médicos ou estagiários que nunca viram, sem direito à voz e à dignidade, muitas vezes sofrendo grandes violências nessa hora. O Dossiê Caxias — contendo inúmeros depoimentos de mulheres sobre as violências sofridas por parturientes na Casa de Saúde Jardim Primavera — é um escândalo tão grande que poderia estar inserido nos relatórios de torturas da Ditadura Militar

As televisões e a imprensa escrita, que até bem pouco tempo não abriam espaço para o assunto, começam agora a denunciar o grande número de cesarianas que poderiam ser evitadas, as ligaduras de trompas em mulheres jovens e desavisadas, o procedimento irresponsável de alguns órgãos de planejamento familiar (uns até financiados por dinheiro estrangeiro). Mas tudo está apenas começando.

Por isso a importância da publicação deste trabalho de Vitória Lúcia Pamplona. O resumo de quinze anos de dedicação, afeto, espírito público, amor à ciência. Para cientistas e leigos, mulheres e homens grávidos, os que vão ser pais, os que já são pais, os que não desejam a paternidade, e, sobretudo, para todas as mulheres, de todas as idades, e quem quer que se interesse pelo destino do Homem.

Neila Tavares

INTRODUÇÃO

É objetivo deste trabalho* apresentar uma metodologia de preparação de gestantes para o parto através do psicodrama, bem como os resultados obtidos com sua utilização em grupos de mulheres de classe média no Rio de Janeiro e de classe popular em Duque de Caxias. Este trabalho com gestantes nasceu do desejo de levar a outras mulheres a possibilidade de viverem partos criativos, espontâneos, tranqüilos, e do desenvolvimento de uma reflexão crítica sobre a questão feminina e as condições de gestação e parto das mulheres no Rio de Janeiro, e sobre os métodos de preparação para o parto. Minha formação nessa abordagem começou com a participação em grupo de gestantes coordenado por Martha Zanetti. É importante relatar as origens deste trabalho para melhor explicitar suas características. A metodologia adotada tem sua origem no método psicoprofilático de preparação para o parto sem dor, e começou a adquirir suas características específicas a partir da atividade de Martha Zanetti, que introduziu neste método o referencial pedagógico de Paulo Freire — a Pedagogia do Oprimido — e o psicodrama, por sugestão do Dr. Décio Noronha.

Em 1961, quando Martha Zanetti, grávida pela primeira vez, procurou o atendimento médico pré-natal da Escola de Saúde Pública e Higiene de São Paulo, esta oferecia às gestantes um curso de preparação para o parto sem dor, pelo método Read, em 12 sessões semanais. Martha freqüentou o curso e viveu um parto sem os sofrimentos que sempre ouvira sua mãe relatar. Sua experiência foi tão positiva e tranqüila que procurou a Faculdade de Saúde Pública

---

* Este livro é resultado do trabalho de dissertação apresentado ao Instituto de Estudos Avançados em Educação — IESAE, da Fundação Getúlio Vargas, para obtenção de grau de Mestre em Educação, em 1988. Alguns trechos foram reproduzidos na íntegra.

e Higiene e solicitou formação para multiplicar este trabalho com outras mulheres. Sua solicitação foi atendida e recebeu permissão para freqüentar os grupos e aprender suas técnicas através da observação. Quando se sentiu apta, passou a preparar amigas para o parto, em sua residência, e mulheres de classe popular em um bairro de periferia de São Paulo, num trabalho ligado à Igreja Católica. Como já tinha contato com a pedagogia de Paulo Freire, começou a levantar o universo vocabular das mulheres sobre o parto, desnudando a realidade das gestantes de classe popular e média e verificando suas semelhanças e diferenças.

Em 1966, o Dr. Décio Noronha assistiu ao parto de uma gestante preparada por Martha, verificando que ela vivera aquele momento de forma completamente diferente das gestantes em geral: tranqüila, compreendendo o processo, sem temores. Então convidou Martha para trabalhar na preparação de suas clientes e, como psicodramatista, sugeriu-lhe que fizesse a formação para ego-auxiliar em psicodrama, quando passaram, ambos, a empregar este método nos grupos de gestantes.

Minha participação começou em 1975, quando, com outra psicóloga, Cristina Vianna, ambas grávidas, em segunda gestação, fomos preparadas para o parto em grupo coordenado por Martha. A vivência da gestação e do segundo parto de forma fundamentalmente diferente do primeiro e muito tranqüila, consciente, indolor e integradora, levou-me também a desejar multiplicar a experiência. Cristina e eu solicitamos, então, a Martha, formação para realizarmos este trabalho. A formação que ela nos deu foi idêntica à que recebera em São Paulo: observação, participação e discussão da prática. Passamos a planejar em conjunto as sessões de grupo de gestantes, observar e participar de sua condução, na medida de nossas possibilidades, e avaliá-las em conjunto, após cada sessão. Nessa ocasião, o curso para gestantes constava de duas sessões semanais de uma hora cada: em uma delas realizava-se um trabalho de corpo constando de relaxamento, respiração, conscientização corporal e ginástica específica, a cargo de Lótus Oliveira, que pouco depois saiu da sociedade para dedicar-se a outra atividade, sendo o trabalho de corpo assumido por Martha, Cristina e eu, alternadamente; na outra sessão eram transmitidos, com base no método Paulo Freire de Educação Popular e em técnicas de dinâmica de grupo, conhecimentos sobre a gestação, parto e pós-parto e debatidas as emoções, preocupações, sentimentos, desejos, situação econômica e social da gestação e parto de cada cliente.

Por sugestão de Martha Zanetti, Cristina e eu iniciamos formação em psicodrama, e começamos a empregar suas técnicas pedagógicas e terapêuticas no grupo de gestantes, que passou a funcionar em sessão única semanal de duas horas de duração, englobando o trabalho nos vários níveis: corporal, emocional, sócio-econômico-cultural... Os grupos eram pagos, havendo flexibilidade na discussão do preço. Em 1978, por solicitação do companheiro de uma gestante, passamos a realizar grupos para casais. Em 1979, institucionalizamos a sociedade, fundando o CEAMI (Centro de Estudos e Atendimento à Mulher e à Infância). Saí do CEAMI em 1983, para trabalhar como psicóloga do Centro Comunitário Duque de Caxias, instituição da Igreja Metodista sediada no município de Duque de Caxias, onde atuei na área de Saúde e Educação de um projeto cujo objetivo era prestar assessoria técnica, política e pedagógica aos movimentos sociais da Igreja e da população em geral, tais como: Associação de Moradores, Movimento Negro Unificado, Pastorais da Igreja Católica e Comunidades Eclesiais de Base. Em junho de 1984, a Associação de Moradores de Saracuruna reuniu-se no Subposto de Saúde local com a diretoria do Centro de Saúde Estadual de Caxias e representantes de movimentos populares, moradores em geral e o Centro Comunitário de Duque de Caxias para debater os problemas de saúde do bairro, tendo sido mencionada, na ocasião, a falta de atendimento pré-natal nos subpostos de saúde. Apresentei então a possibilidade de coordenar um grupo de preparação de gestantes para o parto, a qual foi muito bem aceita. Comecei ali, no mês seguinte, um trabalho com gestantes que se estendeu até fevereiro de 1986 — até outubro de 1984, em co-coordenação com a enfermeira Margareth Rose Garcia, também do Centro Comunitário de Duque de Caxias. Os grupos de Saracuruna contaram também com a participação das agentes de saúde da Igreja Católica, Geralda de Freitas e Maria das Graças Rego Batista. Tivemos, durante o trabalho, assessoria técnica do Dr. Bartolomeu Câmara França, para resolver dúvidas e atualizar conhecimentos sobre questões referentes a aspectos anátomo-fisiológicos da gestação, parto e puerpério e a procedimentos médicos.

Embora este trabalho tenha sido discutido durante toda a sua execução, no CEAMI, com Martha Zanetti e Cristina Vianna, e, em Caxias, com a equipe do Centro Comunitário e as agentes de saúde já referidas, descreverei minhas atividades de coordenação dos grupos de gestantes salientando que a visão aqui transmitida é a minha, pessoal, podendo ser diferente da perspectiva daqueles com quem trocamos experiências ao longo destes anos.

Cada cultura possui suas formas próprias de viver gestação e parto, havendo, evidentemente, vivências individuais que fogem aos padrões culturais. Antropólogos e pesquisadores sociais referem culturas onde a gestação e o parto são vividos sem transtornos e sofrimentos.

Em nossa sociedade, contudo, o parto ainda constitui uma causa de mortalidade materno-infantil elevada: segundo o Censo do IBGE, as afecções originadas no período peri-natal[1] são a sexta causa de mortalidade no estado do Rio de Janeiro; a taxa de mortalidade materna[2] no Brasil foi de 7,0 em 1980, enquanto que no Canadá foi de 0,5 e nos EUA 0,8, em 1983.

Os depoimentos de inúmeras mulheres, tanto de classe popular quanto de classe média, mostram que o parto constitui uma situação de desconhecimento, medo, sofrimento físico e emocional e de submetimento ao poder médico. Acredito que assim seja devido à posição sócio-econômica e cultural da mulher na sociedade patriarcal e de classe, em que a sexualidade feminina e sua função procriativa são dominadas, e seu papel de mãe é mitificado e utilizado ideologicamente como forma de controlar sua participação no processo produtivo e social.

A dor não é inerente ao parto, mas pode ser provocada por causas diversas, que vão desde as patologias anátomo-fisiológicas aos condicionamentos e tensões psicossociais e a iatrogenias médicas e de conduta da própria parturiente. Certamente, o parto só deixará de ser uma situação de risco e sofrimento físico e emocional, para a grande maioria das mulheres, com a superação da situação de subdesenvolvimento econômico, social e cultural do país. Isso, contudo, não significa que, nas atuais condições, nada possa ser feito para tornar o parto um acontecimento de vida feliz e não de dor e morte.

Uma análise da questão aponta que, para ser eficaz na preparação da mulher para viver o parto de uma forma positiva, enriquecedora, feliz, a metodologia empregada deve atender aos seguintes requisitos:

a) proporcionar condições de questionamento sobre os mitos acerca da "natureza feminina" e da maternidade;
b) promover o questionamento do poder nas relações interpessoais;
c) possibilitar a aquisição de conhecimentos sobre os processos de

---

1. O período peri-natal compreende a gestação após a 28ª semana, o parto e os sete primeiros dias do puerpério.
2. Entende-se por mortalidade materna o falecimento de uma mulher enquanto está grávida ou dentro de 42 dias seguintes ao término da gravidez, independente da duração ou localização da gravidez, devido a qualquer causa relacionada ou agravada pela própria gravidez ou seu cuidado, porém não por causas acidentais ou incidentais.

gestação, parto e pós-parto, não só nos seus aspectos anátomo-fisiológicos, como também quanto às rotinas médicas e hospitalares;
d) permitir a elaboração, de forma profunda, das repressões sexuais;
e) promover a expressão e a compreensão das sensações, sentimentos e emoções conscientes e inconscientes a respeito da gestação, parto e maternidade.

Para ser eficaz, uma metodologia de preparação da gestante para o parto deve abordar, portanto, de forma integrada, os aspectos biológicos, emocionais e sócio-econômico-culturais da vivência de gestação, parto e maternidade, tendo, portanto, aspectos educacionais e terapêuticos. E aqui considera-se educacional não a simples transmissão e aquisição de conhecimentos, mas todo processo que leve os indivíduos a desenvolverem ações que satisfaçam suas necessidades de manutenção e desenvolvimento vitais, enquanto seres sociais que são, isto é, suas necessidades materiais de alimentação, moradia, trabalho, bem-estar físico e mental, aquisição de conhecimento, liberdade de expressão, lazer, participação nas decisões políticas e na vida coletiva. E compreende-se como terapêutico todo processo que restaure a capacidade de desenvolver ações que satisfaçam às necessidades vitais, quando ela tiver sido alterada.

Alguns métodos de preparação para o parto atendem apenas ao aspecto pedagógico e, outros, apenas ao aspecto terapêutico. O método psicoprofilático de Read, baseado em programas de transmissão de conhecimentos sobre gestação, parto e puerpério e técnicas de respiração e de relaxamento, apesar de muito importante, pode ser insuficiente para preparar a mulher para uma boa parturição, pois um trabalho apenas nos planos cognitivo e corporal não supera os condicionamentos culturais, profundamente arraigados a níveis emocionais inconscientes.

A identificação, nos transtornos de gestação e parto, de fatores inconscientes provenientes de vivências sexuais infantis, é uma relevante contribuição da psicanálise e não pode ser desconsiderada. Contudo, um acompanhamento psicoterapêutico psicanalítico durante a gestação atende, na preparação para o parto, à elaboração da repressão sexual e da dinâmica afetiva inconsciente, não preenchendo porém os requisitos de transmissão de conhecimentos sobre os aspectos corporais, anátomo-fisiológicos da gestação, parto e puerpério, nem de questionamento da situação sócio-econômica-institucional de atendimento à mulher.

As psicoterapias breves e os trabalhos de intervenção em crise também têm grande eficácia na preparação da gestante para o parto. Contudo, como tais metodologias se propõem, em geral, apenas

17

à elaboração de conflitos atuais, por vezes não atendem às necessidades das gestantes, pois seus conflitos infantis são facilmente mobilizáveis pela vivência da gravidez, principalmente na primigesta, que passará a ocupar, em relação ao ser que gesta, o lugar que sua mãe ocupava em relação a si, na infância. Assim, freqüentemente, é difícil tratar determinados problemas atuais circunscrevendo-os só ao presente, pois os conflitos acerca da imagem de mãe estruturam-se desde a infância, ao longo das vivências de adolescente e de toda a história pessoal inserida na história mais ampla da mulher.

Realizam-se, em instituições públicas e particulares, trabalhos do tipo intervenção em crise, chamados de "inter" ou "multidisciplinares", nos quais profissionais diversos encarregam-se, em momentos separados e estanques, dos diferentes aspectos da gestação, parto e puerpério. Assim, médicos e enfermeiros transmitem os conhecimentos objetivos sobre os aspectos anátomo-fisiológicos do ciclo gravídico-puerperal, os psicólogos tratam os aspectos emocionais, e os fisioterapeutas ou professores de educação física fazem ginásticas específicas, relaxamento e respiração. Esse tipo de trabalho, assim compartimentalizado, não possibilita à gestante a elaboração integrada de suas vivências, não contribuindo com a eficácia desejável para uma atuação positiva da mulher durante seu trabalho de parto.

O psicodrama de Jacob Levi Moreno é uma metodologia que não dicotomiza o ser humano em esferas separadas: corpo/mente, cognição/emoção, consciente/inconsciente, individual/social. Moreno considera que o nascimento não é, para o bebê, um trauma, mas o momento de máxima espontaneidade do homem. O feto atua com seus dispositivos físicos de arranque, pressionando sua cabeça e seus pés contra as paredes do útero para adquirir impulso. Seus esforços, contudo, para serem coroados de êxito têm que ser auxiliados pelos arranques físicos (contrações involuntárias do útero) e mentais da mãe (manobra de força expulsiva, por exemplo). Se o feto atua com a máxima espontaneidade, o mesmo já não ocorre com a mãe, nem com os membros da equipe de saúde que atendem ao parto, pois têm sua espontaneidade limitada pelo desempenho de papéis cristalizados ou "conservados", em linguagem moreniana. Para Moreno, o ego é formado pela atuação em papéis somáticos, psicológicos e sociais, intimamente inter-relacionados, imbricados. Moreno, porém, vê a formação dos papéis sociais do ponto de vista de uma sociologia dos pequenos grupos, sem levar em conta fundamentos econômicos e históricos. Afirma que sua função é penetrar no inconsciente desde o mundo social, para dar-lhe forma e ordem. Assinala a ansiedade causada pelo desempenho de papéis socialmente determinados, sem contudo oferecer uma explicação efetiva acerca desta ansiedade. Julgo que a explicação para as patologias e ansiedades do seu desempenho está na formação do papel social, inserido em um papel de classe ideologicamente constituído.

É com esta compreensão da determinação ideológica dos papéis sociais que utilizo o psicodrama na preparação de gestantes para o parto, pois o psicodrama pode contribuir para a conscientização das contradições inter e intrapapéis, ajudando a liberar a espontaneidade e a criatividade necessárias para uma vivência positiva de gestação, parto e maternidade, além de também ser veículo de transmissão de conhecimentos sobre o ciclo gravídico-puerperal.

Assim, empreguei o psicodrama integrando os aspectos terapêuticos e pedagógicos no atendimento a cerca de 177 gestantes, sendo 130 de classe média e 47 de classe popular.

O Capítulo I retrata a realidade do parto em nossa sociedade, através de algumas estatísticas oficiais, reportagens de jornais e, principalmente, da fala de mulheres de classe média, atendidas na rede privada, e de mulheres de classe popular, atendidas na rede pública. Esse capítulo inclui também uma análise dessa realidade, concluindo pela necessidade de uma intervenção terapêutico-educativa junto à mulher, como medida preventiva de riscos e sofrimentos evitáveis no parto. Indica também as características importantes para maior eficácia nesse tipo de intervenção.

No Capítulo II descrevo resumidamente alguns métodos de preparação de gestantes para o parto, educativos ou terapêuticos, e aponto tanto seus pontos positivos quanto as lacunas que sinto em cada um deles. Os comentários sobre esses métodos não se aprofundam por não ser esta análise o objetivo deste trabalho. Contudo, remeto os interessados para autores que já a fizeram. Ainda neste capítulo, discuto os conceitos teóricos básicos de Moreno, fundamentais para o trabalho com gestantes.

No Capítulo III descrevo as características da clientela atendida e os temas gerais e específicos tratados nos grupos, bem como as técnicas empregadas, ilustrando sua abordagem com o relato de duas dramatizações.

No Capítulo IV apresento os resultados do trabalho através da análise de um caso e dos depoimentos de integrantes dos grupos sobre a contestação do mito da dor como inerente ao processo de parto, sobre a prevenção de complicações obstétricas e sobre a transformação da "paciente" em cliente e agente social.

O trabalho com gestantes, assim como o parto, é uma experiência multifacetada. Optei por abordar o tema de uma forma ampla, abrangendo suas diversas facetas, mesmo em detrimento do aprofundamento dos aspectos específicos. Assim, aponto a riqueza de possibilidades desse tipo de trabalho, deixando por realizar a tarefa de aprofundar a questão em ângulos específicos, através de práticas e estudos mais sistematizados.

Capítulo I

PARTO: A REALIDADE

1. A REALIDADE

Segundo dados da Divisão Nacional de Epidemiologia, do Ministério da Saúde — censo IBGE 1980, as afecções originadas no período peri-natal são a 6ª causa de mortalidade no Estado do Rio de Janeiro, perdendo apenas, por ordem de maior índice de causalidade, para: outras causas não discriminadas, deficiências nutricionais, doenças cérebro-vasculares, doenças isquêmicas do coração e neoplasias malignas.

No município de Duque de Caxias, onde se realizou o trabalho com gestantes de classe popular, segundo a fonte anteriormente citada, para crianças com menos de um ano de idade, as doenças originadas no período peri-natal são a 1ª causa de mortalidade, sendo responsáveis por 30,70% dos óbitos, enquanto as doenças infecciosas intestinais são responsáveis por 21,54%, e as pneumonias e a gripe, por 17,92%. Ainda conforme a mesma fonte, neste município, complicações de gravidez, parto e puerpério estão em 4º lugar nas taxas de mortalidade das mulheres entre 15 e 49 anos, com o percentual de 5,15% dos óbitos, perdendo apenas para outras causas não discriminadas, com 31,15%, neoplasmas malignos, responsáveis por 12,37% e doenças vasculares, responsáveis por 11,34%.

A realidade do parto no Brasil foi retratada pela reportagem de Sandra Chaves, publicada no *Jornal do Brasil*, de 12 de junho de 1982, sob o título "Cesariana, uma preferência cada vez maior das mulheres e médicos?". A matéria trata de pesquisa realizada por Harry Graeff, para apurar as causas do aumento do número de cesarianas que era, em 1970, nos hospitais próprios do então Instituto Nacional de Previdência Social (INPS), de 7,9%, e nos hospitais contratados, de 14,6%. Em 1980, atingiram 18% nos próprios do Instituto Nacional de Assistência Médica e Previdência Social (INAMPS), e 31% nos contratados. Quanto ao atendimento fora da rede do INAMPS, a pesquisa não fornece dados, mas o Dr. Aloysio Graça Aranha, médico entrevistado na mesma matéria, estima o índice de cesáreas em 50% e afirma que "há médicos que chegam a ter 100% de cesarianas". A matéria relata que pesquisa do INAMPS levantou dados que afirmam ser a mortalidade materna na cesariana o dobro da mortalidade no parto normal, e que a neomortalidade (morte de recém-nascido) um pouco mais que o dobro da ocorrida após o parto normal. Afirma também: "a pesquisa junto aos médicos revela (conforme as respostas dos ginecologistas e obstetras) que o aumento do índice de cesarianas se deu devido, principalmente, à ligadura de trompas (que o INAMPS não paga e que os médicos fazem durante a cesariana); aos pedidos das próprias pacientes; ao despreparo profissional da equipe; à ausência da analgotócia (anestesia peridural, que impede à parturiente sentir dor no parto e que o INAMPS não paga quando o parto é normal); à elevada freqüência de gestação de alto risco (quando a mãe corre perigo de vida por ser cardíaca, diabética, sofrer dos rins ou ter hipertensão arterial)". Outro motivo é o estresse do médico, que fica sob pressão da família da paciente e, finalmente, o despreparo psicológico da gestante. O Dr. Aloysio Graça Aranha declara: "o que aumenta o índice de cesarianas em hospitais privados é a concentração da responsabilidade numa só pessoa, o médico. Na Previdência Social, a responsabilidade é diluída, a paciente nem sabe quem fez o parto". Afirma ainda que mesmo nos casos em que a cesárea e o parto normal recebem pagamento idêntico, para o médico particular, a cesárea é mais vantajosa, pois "é 10 vezes mais cômoda. Um parto normal toma de três a quatro horas do médico, se ele enviar seu assistente para cuidar da paciente e, se der tempo integral, chega a 10 horas de acompanhamento".

O *Jornal do Brasil*, de 25.05.86, publicou nova reportagem sobre a questão, sob o título "Medo e interesse de médicos elevam taxa de cesarianas", de responsabilidade da repórter Vera Perfeito. Segundo a matéria, dos 117 mil partos ocorridos no país em dezembro de 1985, na rede do INAMPS, 44 mil (38%) foram cesarianas, embora as organizações médicas recomendem um máximo de 15% de partos cirúrgicos. Nas clínicas privadas da zona Sul do Rio e até da Baixada Fluminense as cesáreas alcançaram 70%. Os fatores apontados são o medo da dor e a economia de tempo para os médicos, já que uma cesariana demora no máximo três horas, e um parto normal pode requerer até 24 horas de acompanhamento. Na mesma reportagem, o então presidente interino do Sindicato dos Médicos do Rio de Janeiro, obstetra Eraldo Bulhões, considerou que: "a situação do parto no Brasil está diretamente inserida dentro da problemática social. Vai de Ipanema a Feira de Santana e ao Sul, já que existem mais de mil municípios sem médicos. Os médicos, na universidade, inclusive no Rio, tomam contato com equipamentos eletrônicos, mas desconhecem a técnica simples de fazer um parto. A cerca de 90% deles não é ensinado, apesar de constar do currículo. Isso cria, inclusive, dificuldades para se deslocar para o interior, pois lá não existe nada sofisticado. Este problema seria menor, se as parteiras não fossem marginalizadas. Elas teriam condições de procurar um médico durante um trabalho de parto difícil. E esta seria uma forma de se voltar a fazer o parto normal com mais freqüência". O Dr. Bulhões afirma que a preferência dos médicos pela cesárea está relacionada às condições de trabalho que são oferecidas. "Num plantão de 24 horas em clínicas, sejam particulares ou conveniadas do INAMPS, o plantonista, na maioria das vezes, para ganhar três salários mínimos, tem que atender diversas pacientes. Num período tão grande de tempo, o médico se estafa, vê a paciente sofrendo, mas não pode atendê-la como seria necessário e, por isso, às vezes, o parto complica, sendo necessária a operação. O pior é que nem sempre existe o anestesista, no momento. É um absurdo, não haver sempre um de plantão." Na mesma matéria, o médico Roberto Chabo, então presidente licenciado do Sindicato, ponderou que na sociedade capitalista, a longa duração do parto normal representa dinheiro que o profissional deixou de ganhar. Declarou: "para acabar com a indução, o INAMPS começou a pagar o mesmo preço pela cesárea e pelo parto normal às conveniadas. Atualmente, atinge a Cz$ 1.000,00. Para as casas de saúde, isto representa lucro, pois há sempre muitas pacientes. O ideal seria o descredenciamento dessas clínicas e a construção de novas unidades do Instituto. Nesses hospitais existe um equipamento certo para cuidar das pacientes, evitando-se a cesárea, indiscriminadamente". Já o presidente da Sociedade de Ginecologia e Obstetrícia, Ivan Lengruber, também entrevistado, mostrou-se favorável à cesariana e disse "ser necessário verificar se a mulher está psicologicamente preparada para o parto". Suas palavras: "não é só no Brasil que se faz muito; os Estados Unidos já triplicou este tipo de parto. Atualmente, é normal que uma mullher com 26 anos já não tenha mais filho de forma natural".[1]

---

1. O *Jornal do Brasil*, de 12.08.86, em matéria intitulada "Médicos dos EUA pedem campanha para deter o aumento de cesarianas", informa a situação nos EUA: o Centro Nacional de Estatísticas sobre a Saúde afirma que a proporção de cesáreas está crescendo cerca de 1% ao ano; um estudo realizado por obstetras de Chicago mostra que as cesarianas poderiam ser reduzidas à metade, possibilitando uma economia superior a um bilhão de dólares, somente em despesas hospitalares.

Vejamos, através de depoimentos, a vivência dessa realidade, pelas mulheres.

2. A FALA DA MULHER

2.1. Mulheres atendidas na rede pública (classe popular)[2]

Depoimento de Mariana:

"... pela manhã, acordei cheia de sangue. Todo mundo tinha dito que arrebentava a bolsa, que saía água etc... mas aquele sangue vivo me fez pensar: 'será que não deitei de bruços e não matei o neném e a criança está sangrando dentro de mim?'. Eu era inexperiente. Meu marido botava o ouvido, escutava e dizia: 'Olha, mexeu, está vivo. Não matou não. Vamos ao médico...'. Fiquei sozinha na maternidade, sem ninguém por perto e, totalmente inexperiente, eu pensava, olhando o crucifixo: 'Meu Deus, eu vou é morrer! Não é possível que para uma criança nascer a gente tenha que ter tanta dor!'. Só me levaram para a mesa às duas horas da tarde. Achei que o neném ia nascer logo na primeira dor que viesse, mas doía sem parar, e nada... O doutor estava ali, de costas. Pedi licença. 'O que você quer?', ele me perguntou sem se virar. E eu, na maca mesmo, me abaixei de cócoras. Quando ele viu, disse que eu poderia cair. Foi só ficar naquela posição, apertei minha barriga e a menina saiu direto. (...) O médico, espantado, me perguntou: 'Quem te ensinou a ter filho assim?'. 'A minha mãe.' Lá na roça só se tem filho desse jeito. Quando ela ia ter filho, mandava a gente para a casa dos outros, mas eu me escondia e ia olhar por um buraco. Via a mamãe na cama fazer assim e o neném sair. Depois nos contava que era a cegonha ou um avião que tinha trazido a criança (...) Esse foi o melhor parto que tive, porque quando fui ter meus outros filhos pensei que ia ser a mesma coisa, mas qual nada! Do segundo em diante, a coisa ficou feia porque já não tive a mesma liberdade, como com o primeiro médico. O outro era mais velho, com um jeito ruim, uma cara mais feia, não falava nada... Eu contei como tinha tido o primeiro, mas ele retrucou que era perigoso e me mandou deitar. 'Eu garanto para o senhor que se eu ficasse de cócoras, o neném já tinha nascido!' 'Não, a criança pode nascer de mau jeito', e toda aquela conversa de médico... Senti uma aflição terrível, mas afinal veio o garoto, esperto. A última gravidez foi a minha filha caçula. Fui para uma maternidade onde tem muitos estudantes. Sentia umas dores horrorosas. Uns cinco acadêmicos vieram me olhar, vinha um e punha a mão, vinha outro e punha

---

2. Todos os depoimentos desta seção são extraídos do livro: *Rocinha: Mães e Vidas*, de Antonia Arlinda de Souza *et alii*. Rio de Janeiro, Alhambra, 1985. Os nomes são fictícios e foram colocados para facilitar a leitura. No livro do qual foram extraídos, os depoimentos não têm qualquer identificação.

24

a mão. Um outro ainda, empurrava e eu já não agüentava mais aquela dor manhosa (...) Só sei que depois de muito sacrifício, saiu um pé. O médico enfiou a mão, botou para dentro de novo e deram uma virada no feto, mas aí veio uma mão com o bracinho para fora. Botaram soro na minha veia, senti uma dor mais forte e ela veio de bumbum, com as pernas para dentro (...) Os cinco acadêmicos, sentados à minha volta, também estavam desesperados. Afinal, um deles decidiu chamar por telefone o chefe da equipe. Ele veio furioso. 'Quero ver se eu ainda sei fazer um parto. Vocês são um bando de incompetentes.' E depois, virando-se para mim: 'Vamos lá mamãe'. Deu umas palmadinhas na barriga, enfiou a mão por dentro e eu só senti aquela revirada. Ele me disse que na dor seguinte a gente botava o neném para fora. 'Você comeu demais na gravidez e fez o neném engordar muito. Agora o bolo está maior que o forno.' 'Ai, doutor, a dor... agora é que eu vou morrer', mas a virada que ele tinha dado fez ela sair igual uma rolha de champanhe. Espirrou longe. Tinha três quilos e oitocentos gramas. Estourou a bolsa, estourou tudo. Eu queria pegar logo, ter certeza que era um neném mesmo, e ela chorando, chupando as mãos, toda esganada. Ele deitou ela em cima de mim e eu fiquei tranqüila.''

Depoimento de Laura
''... Eu sabia que tinha relação, mas não sabia que a partir daí a gente podia engravidar. (...) não sabia como um filho era feito! (...) Para mim, foi muito difícil ter o bebê. Passei mal numa quinta-feira; era meia-noite, comecei a sentir aquela cólica, mas eu nem sabia que estava na hora de ganhar a criança. Até pensei que fosse dor de barriga, porque a gente tinha comido tanta carne seca com abóbora (...) Dali fui para o hospital, onde fiquei quase três dias até conseguir ter a criança. Foi uma experiência horrorosa, porque passei quase aquele tempo todo desacordada. Me lembro apenas que tinha eu e uma outra na cama ao lado. De vez em quando eu olhava e era dia, depois já era noite. Os médicos nem chegavam ali para conversar ou dizer como a gente estava passando. Nada... É uma coisa horrível, porque a gente fica com aquele medo de como o médico vai responder. Parecem bicho! A gente imagina que o médico é um bicho! Só me lembro que via tudo nublado na minha frente. Meio desmaiada, ouvia o pessoal falar ao longe e ficava imaginando se seria um médico ou uma enfermeira. Eu tinha dado entrada no hospital pra lá de meia-noite, quando tinha um médico de plantão. Dois dias depois voltou o plantão dele e quando me viu foi logo gritando: 'Vocês estão malucos, vão matar essa mulher. Ela ainda vai morrer com esse filho na barriga. Vocês não estão vendo que ela não tem passagem e precisa ser operada?! Aí foi aquela correria: fui operada e só acordei domingo, na hora da visita. (...) Ainda passei dezoito dias internada porque a operação inflamou. Os pontos arrebentaram e não cicatrizava. Para fazer o curativo eles enfiavam uma seringa e en-

chiam lá dentro de água oxigenada. Depois apertava o corte e aquela sujeira toda saía. Afinal escapei!"

Depoimento de Cristina
"O que mais reclamo das maternidades é a violência dos médicos com a gente. Não sabem se você tem passagem para o neném, mas é só ir chegando que já vão logo te cortando. 'Abre as pernas', você abre e vuum, dão um corte! Talvez o neném até nascesse naturalmente. A violência maior é esse corte que dão na gente. Esse períneo é uma tristeza! Às vezes dão anestesia, mas nem sempre. E você toma aquela picada; na hora não sente, mas depois tem os fios de nylon que secam e ficam duros com aquelas pontas todas. É horrível e, se você não ficar untando, fica tudo seco e dói muito. É uma barbaridade! A maioria das mulheres não gosta de ir para o hospital e tenta esperar até a última hora. Por isso é que muitas vezes o neném nasce em casa, na rua e até no táxi e, como tem esses casos de mulheres que não podem ter parto normal, é onde muito neném morre, porque elas ficam agüentando até o último momento e quando chegam não dá mais tempo de fazer o parto normal porque não tem passagem. Então, eles forçam a pessoa para dar passagem e é quando o neném morre e até a mãe pode morrer. Se você está lá esperando as contrações, vem um médico, enfia o dedo e dá um toque; vem outro, dá outro toque ainda e outro mais... As mulheres ficam aterrorizadas. Às vezes, eles vêm por curiosidade de aprender, como os acadêmicos. Se fosse só um médico, aquele que vai fazer o teu parto e está te dando a assistência, então seria mais certo. Mas vários médicos... você lá, com as pernas abertas, e tum, daqui a pouco já é outro e tum de novo e depois outro ainda, enfia a luva, o dedo, tum... e vai embora! Isso é uma violência danada!"

2.2. Mulheres atendidas na rede privada (classe média)[3]

Nice, primeiro filho, nível superior
"O primeiro parto foi um dos momentos mais duros de minha vida. Dr. Roberto tinha marcado a cesárea na primeira consulta. Fez os cálculos de quando estava bem maduro e daí não me preocupei mais com isso. Na véspera, fui para o hospital. Decidi que era meu e de meu marido e dispensei minha mãe. Meu marido dormiu. Me deram o clíster e daí em diante não parei de ir ao banheiro e saía uma água suja todo o tempo. Fiquei aflita, acordei meu marido, mas ele virava para o outro lado e dormia. Chamei a enfermeira que disse que era assim mesmo e foi embora. Quando mamãe chegou, às 7 da manhã, me perguntou o que eu tinha, pois estava com olheiras fundas. Quando lhe contei o que

---

3. Todos os depoimentos desta seção foram prestados diretamente à autora; os nomes das pessoas são fictícios, para preservar o sigilo.

acontecera, ela falou que eu estava em trabalho de parto e que tinha sido minha bolsa que tinha rebentado. Resolvi, então, ter parto normal. Mas quando o Dr. Roberto chegou com a equipe, me fez um exame, um toque e disse 'vamos fazer a cesárea'. Eu questionei: por que uma cesárea se para mim o sentido da cesárea era evitar a dor e eu tinha passado a noite em dores de parto? Ele me disse então que eu não tinha passagem e fui para a sala, na maca. Quando penso na mais absoluta solidão, me vem a imagem daquele dia. Entrei na sala completamente confusa. Qualquer coisa que me desse alguma identidade me confortava: a chegada de mamãe, do Dr. Sílvio, ver Luis com suas câmeras de filmar, me fez sentir acompanhada. Meu nível de desconhecimento era tal que quando o anestesista colocava a anestesia eu disse: 'vou ver tudo' e aí é que soube que ia dormir, mas não senti nada específico. Estava exaurida, muito cansada, depois de tanta solidão, só a presença de pessoas já bastava, fizessem o que fizessem.''

Carla, primeiro filho, nível superior
"Durante toda a gestação discuti com o médico a questão do parto induzido, sempre na firme posição de não querer indução a não ser em caso de real necessidade. O médico disse que concordava com a minha posição, mas em uma consulta de final de gestação, após me examinar, deu-me uma pastilha para colocar sob a língua. Perguntei-lhe o porquê da pastilha e ele disse tratar-se de um teste para verificar se estava tudo bem comigo e com o bebê, e que eu fosse para casa e lhe relatasse por telefone o que estava sentindo. Fui para casa e no caminho entrei em trabalho de parto; só depois soube que a pastilha continha ocitocina para induzir o parto. Senti muitas dores no parto. Fiquei revoltada com o médico. O neném nasceu bem.''

Hilda, primeiro filho, nível superior
"Ia me submeter a uma cesariana por problemas de saúde e porque o bebê estava sentado. Durante o atendimento pré-natal, combinei com o médico que tomaria anestesia peridural, e não queria nenhum medicamento que me fizesse dormir, pois queria estar desperta vendo tudo e curtindo o neném. Na ida de maca para a sala de parto, voltei a lembrar ao obstetra e ao anestesista esse meu desejo. Mesmo assim, o anestesista não me respeitou e colocou no soro medicação que me fez dormir.''

3. REFLETINDO SOBRE A REALIDADE

Os dados do Censo mostram que o parto é uma importante causa de mortalidade infantil e materna, e a fala das mulheres nos diz que ele constitui uma situação de desconhecimento, medo, sofrimento físico e emocional e de submetimento ao poder médico.

Sem dúvida, o alto índice de mortalidade por causas ligadas à gestação, parto e puerpério é conseqüência da ordem sócio-econômica vigente, e a maioria absoluta das vítimas encontra-se nas classes populares dos países subdesenvolvidos. Isso é facilmente constatado por meio dos dados da Organização Panamericana de Saúde: a taxa de mortalidade materna, por 10.000 nascidos vivos, foi, em 1983, de 0,5 no Canadá e de 0,8 nos EUA, enquanto que, em 1984, no Paraguai, foi de 27,5 e de 23,0 no Haiti. No Brasil, em 1980, essa taxa foi de 7,0.[4]

Assim como a taxa de mortalidade materna tem determinação econômica, também a forma de viver gestação e parto tem determinações culturais, além das econômicas. Historiadores e médicos, como A. da Silva Mello,[5] no Brasil, e antropólogos como Margaret Mead,[6] falam de culturas onde o parto é vivido com facilidade, sem transtornos e dores. Sendo o parto um fato cultural e uma vivência essencialmente feminina, a percepção da dor, o desconhecimento e temor de seu processo, o submetimento ao poder médico, presentes nas mulheres de qualquer classe social (se bem que em graus e formas diferentes) devem ser entendidos dentro do quadro da milenar sujeição feminina.

3. 1. A questão feminina

Há divergências entre os autores quanto à extensão do fenômeno da dominação masculina nas diversas culturas e épocas, bem como quanto aos mecanismos que possibilitaram sua instalação. Maurice Godelier[7] afirma a preponderância da dominação masculina como um fato universal, mesmo ressalvando que esta varia enormemente em forma e grau nas diversas culturas. Nega a existência de sociedades igualitárias ou matriarcais, no sentido de o poder maior pertencer às mulheres, ponderando que mesmo nas sociedades de descendência matrilinear as mulheres estavam subordinadas, não aos maridos, mas a tios ou irmãos. Já outros, como, por exemplo, Engels, asseveram a existência de sociedades igualitárias e também do matriarcado.

---

4. Boletín Epidemiológico — Organización Panamericana de La Salud, vol. 7, nº 5/6, 1986.
5. A. da Silva Mello. *Assim nasce o homem*. Rio de janeiro, Civilização Brasileira, 1966.
6. Margaret Mead. *Male and Female. A study of the sexes in a changing world*. William Morrow & Company, Nova York, 1949.
7. Maurice Godelier. "As relações homem-mulher: o problema da dominação masculina." *Encontros com a Civilização Brasileira*. Rio de Janeiro, (26): 9-29, 1980.

Evidente que, quanto mais remota a época considerada, mais difícil se torna analisar as relações homem/mulher. Autores citados por Andrée Michel[8] acreditam que enquanto ainda não era conhecida a participação do homem na reprodução, a mulher era altamente valorizada por esta função, sendo todas as deusas primitivas, deusas-mães. Howard Parsons, citado por Andrée Michel,[9] afirma que a "divisão do trabalho entre os sexos no período Paleolítico (o macho caçando, a fêmea fazendo a coleta e caçando episodicamente) baseia-se na cooperação". Do início até a metade do Neolítico, quando, como meio de sobrevivência, os homens, além da caça, pesca e coleta, já contavam com a agricultura da enxada, não parece haver evidência de subordinação da mulher. A mulher se incumbiria da agricultura e da cerâmica e fiação. As estatuetas de divindades, já modeladas em argila, continuavam femininas: são as deusas-mães.

A subordinação das mulheres teria começado com as transformações da organização social ocorridas no Neolítico médio (6000 a 3000 a.C.) conseqüentes à revolução técnica caracterizada pela descoberta de novas formas de energia: a força do boi, da água, do vento, a invenção do arado, moinho de vento, barco à vela, fusão do minério de cobre, arquitetura de tijolos etc. Com a criação do arado, a mulher foi substituída pelo homem na agricultura. Toda esta revolução técnica permitiu um excedente alimentar que gerou uma explosão demográfica e a sedentarização. Ao pequeno grupo do Paleolítico e à aldeia do Neolítico, sucederam os burgos e depois as cidades. "A cidade é o primeiro antagonismo de classe, pois supõe a existência de excedentes agrícolas e de uma classe que é alimentada por outra, o desenvolvimento da propriedade privada e da acumulação (...) À exogamia, necessária à sobrevivência dos caçadores do paleolítico para garantir através da aliança, territórios de caça, sucede o regime de endogamia, em que todas as moças da casa são guardadas como reprodutoras pelo chefe de família, para os primos da casa (...) Ao mesmo tempo a dominação feminina, nas religiões, desaparece."[10] Começaram a aparecer as primeiras estátuas de divindades masculinas e o falo esculpido na pedra ou modelado em argila, revelando o reconhecimento do papel paterno na procriação. Acredita-se que este conhecimento tenha advindo do modo de vida dos pastores nômades, mas que não tenha sido usado, de início, para inferiorizar a mulher, pois "durante milhares de anos os criadores nômades representavam uma civilização intermediária, em que

---

8. Andrée Michel. *O feminismo, uma abordagem histórica*. Rio de Janeiro, Zahar, 1982, p. 13.
9. Id. *Ibid*.
10. Id. *Ibid*., pp. 17-9.

o patriarcado nascente foi ou contestado, ou contrabalançado pelos extensos poderes atribuídos às mulheres, vestígios, sem dúvida, do reconhecimento dos extensos direitos das mulheres do neolítico antigo".[11]

Maurice Godelier afirma que as contradições de classe e de sexo se favorecem mutuamente e que a dominação se legitima através de representações ideológicas, havendo todo um trabalho nas representações que "parece destinado a compensar os homens pelo fato de que eles não ponham no mundo vidas novas e que isso seja reservado às mulheres".[12] Em testemunho da hipótese da inveja masculina da capacidade procriativa da mulher, invoca mitos dos baruya da Nova Guiné, que atribuem à mulher criatividade superior à dos homens e um mau uso dessa capacidade, sendo necessário que os homens a dominem para que haja ordem social.

Mais que os mitos dos baruya, falam em favor da hipótese de inveja masculina da procriação os hábitos da *couvade*, que é o resguardo do parto feito pelo marido, em vez da mulher. A. da Silva Mello cita como a *couvade* é largamente difundida em épocas e culturas diversas: "A *couvade*, (...) vem dos mais velhos tempos e parece espalhada por todas as regiões do globo. Marco Pólo, viajando em 1300, pelo sul da China, encontrou um povo que tinha um hábito surpreendente: 'Quando uma mulher tinha um filho, depois de lavá-lo e embrulhá-lo, saía da cama para a qual ia o marido, que aí ficava durante quarenta dias, tratando da criança. Os parentes vinham visitá-lo e cumprimentá-lo, enquanto a mulher se ocupava dos afazeres da casa, trazendo comida e bebida para o marido na cama e amamentando ao seu lado a criança." Da Índia vieram notícias semelhantes, encontradas também em escritores gregos e romanos da antiguidade, que observaram o hábito da *couvade* em povos do Mar Negro, em algumas regiões da Itália, da Córsega, na ilhas Baleares, no sul da França e na Irlanda. Apolônio, que viveu 290 anos antes de Cristo, em Rodes, informa que os tibetanos, lastimando-se e chorando alto e tendo a cabeça amarrada, punham-se na cama depois do parto da mulher, deixando-se por ela tratar e tomando banhos apropriados às parturientes (...) Autores mais modernos, dos séculos XVII e XVIII, inclusive Humboldt, referem que em povos da América do Sul e Central era o marido que fazia o resguardo do parto, em geral de maneira bastante desagradável, pois precisava jejuar, passando meses recolhido na rede e comendo somente bolos

---

11. André Michel. *Op. cit.*, p.19-20.
12. Maurice Godelier. *Op. cit.*

de mandioca, pois qualquer excesso de alimento podia prejudicar a criança".[13]

Mais fundamental do que a inveja do homem do poder gerador da mulher, parece ser sua necessidade de dominar os dois fatores básicos para a manutenção da vida, da espécie: a produção de bens e a procriação. E para dominar a procriação é necessário subjugar a mulher, cujo papel na reprodução é preponderante. Godelier[14] reforça essa idéia quando descreve que nas sociedades em que as mulheres possuíam poderes, como a dos hurons e dos iroqueses, a maior autoridade pertencia àquelas que, tendo atingido a menopausa, não tinham mais a função procriadora: os homens sempre colocaram em primeiro plano o controle das mulheres fecundas.

A sociedade de classe tem utilizado ideologicamente a função feminina de reprodução e amamentação, controlando a participação da mulher no processo produtivo e na vida social, criando a mística de que a mulher é apta e voltada fundamentalmente apenas para a maternidade e para ser a "rainha do lar". Assim, a mulher passa a fazer parte do exército de reserva da força de trabalho, sendo utilizada apenas em funções periféricas, subalternas às masculinas, ou em qualquer tipo de função, porém apenas nas épocas de carência de mão-de-obra, como durante as guerras. O fator decisivo para a atualização do trabalho feminino extra-lar é capacidade de absorção de mão-de-obra de estrutura ocupacional do sistema.[15] O absenteísmo, verdadeiramente necessário, devido à gestação, parto e amamentação poderia ser de apenas algumas semanas, se se criassem mecanismos de contato das mães trabalhadoras com os filhos, tais como creches nos locais de trabalho.

A mística da "natureza feminina" voltada essencial e inerentemente para a maternidade, da mulher realizando-se fundamentalmente na concepção, cuidado e amor dispensados aos filhos, tem sido questionada por diversos autores, tais como Philippe Ariés[16] e Elizabeth Badinter.[17] Através de um estudo cuidadoso da iconografia relativa à família, da pedagogia e dos jogos infantis, Ariès conclui que só após o início do século XVII a concepção sobre a infância se trans-

---

13. A. da Silva Mello. *Op. cit.*, p. 28.
14. Maurice Godelier. *Op. cit.*
15. A respeito, ler: Heleieth Iara Bongiovani Saffioti. *A mulher na sociedade de classes; mito e realidade.* Petrópolis, Vozes, 1979.
16. Philippe Ariès. *História social da criança e da família.* Rio de Janeiro, Zahar, 1978.
17. Elizabeth Badinter. *Um amor conquistado: o mito do amor materno.* Nova Fronteira, Rio de Janeiro, 1985.

formou e os adultos passaram a dar à criança uma atenção que não lhe era concedida anteriormente.

Em meados do século XVII, com as primeiras pesquisas demográficas, constatou-se a enormidade da mortalidade infantil. Mas, foi especialmente em fins do século XVIII, com o capitalismo nascente, que a criança adquiriu um valor mercantil e os estadistas se esforçaram para tomar medidas de proteção à infância. Há, na época, numerosos discursos sobre a necessidade econômica e política de conservar as crianças.

Além dos discursos econômicos e políticos, um outro surgia, com a filosofia das Luzes: as idéias de igualdade e de felicidade individual. A partir do século XVIII, o valor maior deixou de ser a salvação da alma, a felicidade após a morte, e passou a ser a felicidade em vida. Esta aspiração modificou as atitudes familiares: era principalmente na sociedade familiar que se esperava ser feliz, e para que as relações entre o casal e os filhos assim o sejam, é preciso que haja amor entre eles. Entrou então em consideração a liberdade de escolha do cônjuge, tanto para o homem como para a mulher. O novo casamento, fundado na liberdade, será o lugar privilegiado da felicidade e do amor. O amor pelos filhos é a decorrência natural do amor entre os pais. A maternidade deixou de ser um dever para se converter na atividade mais invejável e doce que uma mulher possa esperar. Assim, a partir de 1760-1770, a criança passou a ocupar um lugar privilegiado na família. Nesta época, surgiram obras recomendando aos pais e, mais especialmente às mães, cuidados e sentimentos em relação aos filhos. Data de 1772 a publicação de *Emile*, de Rousseau, que sintetiza essas idéias.

Estabeleceu-se a formação da família nuclear, fechada em si mesma, com os pais responsáveis pela felicidade ou infelicidade dos filhos. Essa nova responsabilidade parental, que já começara a ser evocada por alguns reformadores católicos e protestantes do século XVII, instalou-se no século XVIII e não parou de acentuar-se ao longo do século XIX. A mulher passou a ter, além das funções concernentes aos arranjos materiais da casa, a de cuidar e educar os filhos, tornando-se a "rainha do lar". A partir do século XIX, associou-se a imagem da mãe à de santa. Ao mesmo tempo que aumentaram os deveres e responsabilidades maternas, diminuíram os poderes e deveres do pai, que passaram a ser exercidos pelo Estado, através da escola, da Justiça, da Assistência Social e até da psiquiatria. Ao pai ficou delegado apenas o papel de provedor material da família, admitindo-se que ele tem um papel na educação dos filhos, mas quase que apenas por seu exemplo de homem trabalhador e honrado.

Essas modificações nos costumes deram-se principal e primeiramente na classe média. As últimas a assumir o cuidado com os próprios filhos foram as mulheres da aristocracia e as proletárias, certamente por motivos diversos: estas, devido às suas condições materiais de vida e aquelas, por suas ambições pessoais. Entretanto, aquelas que, por quaisquer motivos, não cuidavam de seus filhos, passaram a se sentir culpadas. Na primeira metade do século XX, a psicanálise contribuiu muito para firmar como imagem da mulher normal, essencialmente, a mãe amorosa e totalmente dedicada aos filhos. A divulgação da psicanálise, promovida pelos meios de comunicação de massas, deixou fortes marcas no inconsciente feminino, transformando o conceito de responsabilidade materna em culpa materna.

Do mesmo modo que a concepção do feminino como inferior e a dominação masculina têm existido ao longo dos séculos e em diferentes culturas, em graus e formas diversas, assim também sempre têm existido contestações teóricas e práticas, seja por vozes isoladas, seja por pequenos movimentos. Essa contestação tornou-se mais forte, geral e organizada no mundo ocidental a partir da eclosão do movimento feminista na década de 60, nos Estados Unidos e na Europa.

No Brasil, o movimento das mulheres na luta pela igualdade de direitos e oportunidades tomou maior impulso a partir de 1975 (Ano Internacional da Mulher), quando foi fundado em São Paulo o Movimento Feminino pela Anistia. No Rio, também em 1975, um grupo de mulheres, com o apoio da ONU e da ABI, promoveu uma semana de debates sobre a condição feminina. A partir desse encontro, fundou-se, no Rio e em São Paulo, o Centro da Mulher Brasileira, com a proposta de ser uma organização especificamente dedicada às lutas do Feminismo. Fundaram-se também jornais feministas como *Brasil-Mulher* e *Nós Mulheres*. Formaram-se também muitos grupos de reflexão da condição feminina.

Os ideais de igualdade entre os sexos, o questionamento dos papéis masculino e feminino estereotipados estavam pois largamente difundidos em 1976, quando iniciamos nosso trabalho.

Contudo, a imagem da mãe associada à santidade e ao privado, ao doméstico em oposição ao profano, ao mundano, continua vigorando largamente. Em trabalho realizado em 1983, intitulado *Duas Faces de Eva: a grávida e a puta*, Tania Salem[18] pesquisou a ideologia concernente a essas virtualidades da sexualidade feminina e do papel de mãe, através do recurso de pedir a homens e mulheres, universitários e profissionais liberais de vinte a sessenta anos, para tra-

---

18. Tania Salem. "Duas faces de Eva: a grávida e a puta". Mimeo.

çarem um retrato visual, como uma foto, de uma puta e uma grávida. Ela partiu da suposição de que a grávida poderia ser pensada como levando ao extremo características usualmente associadas à imagem de mãe, e chegou à conclusão de que esta suposição apenas em parte é verdadeira, visto que a imagem de grávida apresenta qualidades distintas em relação à de mãe. A grávida é descrita com os atributos de jovem, bonita, limpa, recatada, natural. A puta, ao contrário, é vista como envelhecida, gasta, vulgar, artificial. Pelas descrições das vestes e adereços, atitudes, olhar e cenário em que estão colocadas, a autora concluiu que a grávida é pensada como a mulher dessexualizada, atemporal e distante da realidade e das relações com o mundo. A grávida estaria voltada apenas para si própria e para o filho que gera, enquanto que a puta estaria ligada ao mundo, ao concreto, ao real, às trocas sociais. A autora, tomando como referência a tripartição, sugerida por Da Matta, do universo social brasileiro em domínios sociais básicos — a casa, a rua e o "outro mundo" —, vê as figuras da puta, da mãe e da grávida correspondendo simbolicamente a cada um desses domínios. A puta corresponderia à rua, a mãe à casa, e a grávida ao outro mundo. A figura da mãe compartilha com a puta o pertencer a este mundo, embora neste mundo seus espaços sejam opostos: à puta o domínio da rua, e à mãe o da casa, o de rainha do lar. A ideologia do afastamento do mundo está exacerbada no caso da gestante.

Encontrei esta imagem idealizada de mãe em exercício que fiz em grupos de grávidas, de profissionais que se preparam para trabalhar com gestantes ou de reflexão sobre o tema da maternidade. Consiste em pedir que os presentes escrevam as primeiras palavras que lhes vêm à mente ao lhes ser mostrado um cartão com a palavra "mãe". Em 1984, num grupo de onze pessoas que incluía gestantes, seus companheiros e fisioterapeutas, foram registradas as palavras: "amor": 5 vezes, "família": 2, "filhos": 2, "responsabilidade": 2, e, apenas uma vez: "realização pessoal, realização, dar, felicidade, alegria, compreensão, luz, bom, lindo, humano, gente, nova experiência, educação, barriga, assumir, Helene, complicado, difícil". Nesta relação, 22 palavras trazem conotações positivas, apenas 2 (complicado, difícil) conotações negativas, apenas uma referência ao corpo (barriga) e nenhuma à sexualidade. Quando do prosseguimento do exercício, os participantes começam a revelar vivências que não correspondem à idealização, explicitando assim as lacunas do discurso ideológico.

As vivências de dor, medo, desconhecimento e submetimento ao poder médico, profundamente inter-relacionadas, presentes no parto, podem pois ser entendidas dentro do processo de sujeição da mulher e mitificação da maternidade.

3.1.1. Dor no parto

Ser mãe é ser santa, e a santidade está associada ao sofrimento. A *Bíblia*, livro sagrado tanto para cristãos quanto para judeus, com seu anátema "Tu parirás teus filhos em dor"[19] desvela a dor no parto como valor ideológico do sofrimento na instituição da maternidade. Para as mulheres da civilização ocidental judaico-cristã, ser mãe está ligado, por princípio, ao sofrimento. O castigo por ter desejado o saber e ter arrastado, nesse desejo, o homem, incide justamente sobre seu poder específico, o de reproduzir.

Esta ideologia está profundamente introjetada até os nossos dias: a dor é tomada como inerente ao parto. Os sinais disso estão disseminados por toda a rede social: o médico não pergunta à gestante há quanto tempo está sentindo contrações ou qual o intervalo entre elas, e sim indaga há quanto tempo sente "as dores". Em visita à Maternidade Escola da UFRJ, há alguns anos, observamos sob o vidro do tampo da mesa onde se fazia a triagem para o atendimento ao parto, um roteiro de entrevista à gestante, entre cujas questões constava: "Perguntar o intervalo entre as dores". Os meios de comunicação de massa, principalmente a televisão, divulgam imagens de mulheres com rostos contraídos e gritando de dor durante o trabalho de parto, como, por exemplo, em anúncio veiculado há alguns anos solicitando auxílio financeiro para a PROMATRE (Maternidade da Rede Conveniada), no qual uma mulher em gestação avançada levantava o tronco da cama e dava um grito lancinante, enquanto uma voz dizia soturnamente: "Ajude esta mulher, pelo amor de Deus".

Não nego a realidade da dor do parto, nem afirmo que seja apenas fruto de condicionamento cultural, embora acredite que tal condicionamento seja um dos fatores causais relevantes. Outros, porém, podem estar presentes no fenômeno da dor: problemas e disfunções anátomo-fisiológicas da gestante e até condutas iatrogênicas da equipe de atendimento ao parto, e da própria mulher. Contudo, sei que a dor não é inerente ao parto, não só através do relato de pesquisadores já citados, como também através da experiência de muitas mulheres e da minha própria vivência de dois partos absolutamente indolores.

3.1.2. Medo e Desconhecimento

Imbuídas da ideologia dominante sobre a dor como inerente ao parto e à maternidade, as mulheres temem a dor, e algumas até crêem que só sentindo as dores do parto serão verdadeiramente mães amorosas. Temem, pois, a dor e a morte, própria ou do feto, principal-

---

19. *Bíblia Sagrada*, Gênesis, Cap. 3, versículo 16, Edição Ecumênica, Barsa, 1977.

mente as gestantes de classe popular, que não podem contar com a anestesia peridural em parto normal pois o INAMPS só a dá em caso de cesárea, e que conhecem, não as estatísticas oficiais sobre a mortalidade, mas as estórias concretas de falecimento no parto de suas vizinhas, amigas, parentes. Outros temores se encontram presentes em mulheres de ambas as classes e são fruto do desconhecimento quase que total do processo de parto, desconhecimento que deve ser compreendido dentro da repressão à sexualidade, uma das formas de opressão das mulheres.

Pesquisa sobre a identidade social e sexual da mulher brasileira, realizada pelo grupo feminista CERES, encontra um grande desconhecimento sobre o próprio corpo e a sexualidade entre mulheres de todas as idades e condições sociais: "A negação do saber sobre a sexualidade aparece nos relatos como componente privilegiado do conjunto de atitudes consideradas como próprias ao modelo 'feminino' que orienta a formação da identidade da mulher (...) O ocultamento, o silêncio sobre a sexualidade, não é vàzio. É um silêncio que transmite um modelo de 'ser mulher'. Dentro desse modelo o desconhecer é visto como algo 'natural', próprio à conduta considerada adequada à condição feminina".[20]

As autoras comentam ainda a aparente contradição entre todo este ocultamento e a função de procriadora, calcada na sua condição biológica e socialmente exigida da mulher, como parâmetro de normalidade. Concluem que "o aparente paradoxo torna-se compreensível quando refletimos que o ocultamento da sexualidade, a carga de tabus, preconceitos, restrições e regras de conduta que a cerca, formam uma verdadeira estratégia do silêncio, um dos meios pelos quais a sociedade exerce controle sobre o corpo da mulher".[21]

Esta realidade aparece nos depoimentos das mulheres de classe popular e de classe média do início deste capítulo. No depoimento de Mariana, vemos que ela não sabia como interpretar o sangramento e também seu relato de que, na infância, a mãe lhe dizia que o bebê era trazido pela cegonha ou pelo avião. Laura ignorava que a gravidez era fruto da relação sexual. No depoimento da Nice vê-se que ela, gestante de classe média e nível superior, passa uma noite perdendo líquido amniótico e com contrações, sem entender o que lhe ocorria.

Desconhecendo quase que totalmente o processo de parto, temendo portanto não reconhecer seus sinais e não saber o que fazer

---

20. Branca Moreira Alves e outros. *Espelho de Vênus — Identidade social e sexual da mulher*. São Paulo, Editora Brasiliense S.A., 1981, pp. 327-9.
21. Id. *Ibid.*, p. 329.

durante sua evolução, a mulher entrega-se submissa ao detentor do saber: o médico.

3.1.3. Submissão ao poder médico

Maria da Glória Ribeiro da Silva,[22] em seu livro *Prática-Médica: Dominação e Submissão* define as funções médicas como características de Aparelho Ideológico de Estado, tendo como finalidades a conservação e a reparação da força de trabalho, e também a qualificação e submissão social, mantendo a divisão de classes a nível de uma assistência de massa e de outra não de massa.

O Aparelho Ideológico Médico interpela de formas diferentes o sujeito-paciente, segundo a classe a que pertence, visando "manter na burguesia intérpretes ativos da ideologia burguesa, através de uma assistência não de massa, onde o ritual, as posturas, o discurso, o vocabulário, a instituição são adequadas ao reforço deste papel ativo. Ao mesmo tempo trata-se, na assistência da massa, de manter a submissão a uma ideologia dominante através de condutas e práticas que reforçam este papel passivo (aceitação-resignação)".[23]

A autora caracteriza o médico, última peça da cadeia deste Aparelho Ideológico (acima dele estão a administração da saúde desde o nível de diretor do hospital até a administração do Ministério da Saúde), como sujeito formado pelo Aparelho Escolar e que se define a partir de três questões: a oposição trabalho manual *versus* trabalho intelectual, o monopólio do saber e o exercício do poder. A divisão entre trabalho manual e intelectual está diretamente ligada ao monopólio do saber, defendido tenazmente pelos médicos e no qual se funda a autoridade, o poder, exercidos principalmente em termos de normas.

A relação do médico com o paciente de classe popular, no Brasil, se dá sempre em instituições, sejam hospitais da rede pública, sejam clínicas conveniadas com o INAMPS e, evidentemente, leva a marca da relação do médico com a instituição. Maria Tereza Maldonado e Paulo Canela dão-nos um retrato bem fiel desta relação: "A relação médico-cliente na instituição é estruturada a partir da relação médico-instituição (...) A dominação, a pressão, o achatamento e o rigor hierárquico formam a tônica do funcionamento da instituição. Esse clima transparece de modo mais ou menos evidente, pode ser mais ou menos atenuado, mas está sempre presente. O médico é autoritário com a cliente, assim como a instituição é autoritária

---

22. Maria da Glória Ribeiro da Silva. *Prática Médica: Dominação e Submissão*. Rio de Janeiro, Zahar, p. 50.
23. Id. *ibid*.

com ele. O médico domina, achata a cliente da mesma maneira que é dominado, oprimido e achatado pela instituição. Os conflitos decorrentes dessa situação são resolvidos com prepotência e autoritarismo: ou a cliente se submete ou deixa de ser atendida. Uma das expressões mais concretas desta faceta é a alta por indisciplina — a chamada 'alta administrativa' — aplicada como castigo à cliente rebelde (...) Assim como o corpo clínico não tem direito nem de escolher seu diretor nem de influir significativamente nas orientações médicas e administrativas, a cliente tampouco tem direito de escolher o médico que a atenderá e muito menos as condições desse atendimento. Portanto, assim como a cliente precisa submeter-se para receber atendimento da instituição, também o médico precisa submeter-se para manter seu emprego, mesmo em condições insatisfatórias. Obviamente, essa submissão forçada gera ressentimento, resistência e 'guerra fria', comumente expressos pelas tentativas de sabotar o trabalho, atender de má vontade e hostilizar a cliente, o que indubitavelmente contribui para a prática médica ruim. As possibilidades mais ativas de lutar por melhor remuneração e condições de trabalho dignas são mínimas, especialmente porque — devido à escassez do mercado de trabalho e ao número crescente de médicos desempregados — sempre há quem esteja disposto a aceitar qualquer oportunidade a qualquer preço."[24]

Os autores colocam ainda que a iatropatogenia do atendimento médico deve-se também a outros fatores, tais como a diluição da responsabilidade, em parte derivada das necessidades de encaminhar a cliente para setores especializados (cuja intercomunicação é, em geral, deficiente) e também pelos rodízios e plantões que impedem a mulher de ser sempre atendida pelo mesmo médico.

Na minha prática, verifiquei que grande número de médicos que trabalham em instituições mantém também consultório particular, onde atendem à classe média. E da mesma forma que fazem um atendimento apressado na instituição para poderem correr para o consultório particular, também aí, muitas vezes, adotam a indução ou aceleração sistemática do parto de modo a poder conciliar o atendimento às clientes particulares com seus horários de trabalho e plantões nas instituições.

Assim, a indução e aceleração desnecessárias talvez sejam até mais freqüentes com as mulheres de classe média, visto que nos hospitais da rede pública o médico pode não se responsabilizar por todo o atendimento ao parto, deixando-o para o plantão seguinte. Nas

---

24. Maria Tereza Maldonado e P. Canela. *A relação médico-cliente em ginecologia e obstetrícia*. Petrópolis, Vozes, 1978, pp. 227-8.

clínicas conveniadas com o INAMPS, que em muitos municípios faz a maior parte do atendimento às gestantes de classe popular, a prática da indução e aceleração de parto, como rotina, é muito freqüente.

A relação médico/paciente com gestantes e parturientes apresenta, pois, peculiaridades importantes:
1) apesar de gestação e parto não serem doença, a gestante e parturiente é freqüentemente submetida/qualificada como doente, mesmo quando não apresenta nenhum problema de saúde;
2) além de ser qualificada, submetida enquanto paciente, também o é enquanto mulher. Isso explica por que encontram-se apenas diferenças de forma e graus entre o atendimento a que estão expostas as mulheres de ambas as classes, não havendo indícios, no atendimento às de classe média, dos rituais, posturas, discursos etc., destinados ao reforço do papel ativo próprio da burguesia, como citado por Maria da Glória Ribeiro da Silva.[25] Os depoimentos de Carla e Hilda, gestantes de classe média, na segunda seção deste capítulo, podem ilustrar, de modo extremo, dois comportamentos de submetimento: uso do saber para ludibriar a gestante e induzir o parto e emprego da técnica (anestesia) para reduzir a parturiente à total passividade. Os três primeiros depoimentos mostram o tom de violência que assumem os comportamentos destinados a submeter/qualificar as gestantes de classe popular.

Os procedimentos de qualificação/submissão sobre a gestante e parturiente são, pois, sobrepostos: primeiramente enquanto paciente (comum a todas as classes e a ambos os sexos, pelo menos em certo grau); a este sobrepõe-se a qualificação/submissão enquanto mulher e, no caso da gestante de classe popular, a interpelação enquanto membro desta classe.

Devido à sua qualificação/submissão nos diversos aparelhos ideológicos (família, escola etc.), a mulher tende a assumir uma atitude passiva na relação com o médico. A de classe popular sente, ainda, de modo gritante, o distanciamento do médico, representante de outra classe, e assim coloca-se numa posição mais do que de passividade, de temor.

3.2. Conclusão

A nível mais global, o parto só deixará de ser uma situação de risco de vida e sofrimento físico e emocional com a superação da situação de subdesenvolvimento econômico, social e cultural do país. Isso, contudo, não significa que enquanto não forem superadas es-

---
25. Maria da Glória Ribeiro da Silva. *Op. cit.*

tas condições, nada possa ser feito para tornar o parto um acontecimento de vida feliz e não dor e morte.

Acredito, face à análise da questão, que para ser eficaz na preparação da mulher para viver o parto de uma forma positiva, integradora, enriquecedora, feliz, a metodologia empregada deve atender aos seguintes requisitos:

a) proporcionar à mulher condições de questionar os mitos sobre a "natureza feminina" e a maternidade;
b) permitir a elaboração da questão do poder nas relações dominador/dominado e o questionamento da posição de dominada;
c) fornecer conhecimentos sobre o processo de gestação, parto e pós-parto, não só nos seus aspectos anátomo-fisiológicos como também quanto às rotinas médicas e hospitalares, pois o conhecimento gera poder, assim como o poder gera conhecimentos;
d) permitir a elaboração, de forma profunda, das repressões sexuais;
e) permitir a expressão e compreensão de suas sensações, sentimentos e emoções conscientes e inconscientes a respeito da gestação, parto e maternidade.

Para ser eficaz, uma metodologia de preparação da gestante para o parto deve abordar, de forma integrada, os aspectos biológicos, emocionais e sócio-econômico-culturais da vivência de gestação, parto e maternidade, tendo, portanto, aspectos educacionais e terapêuticos.

Capítulo II

QUESTIONANDO A REALIDADE: OS MÉTODOS DE PREPARAÇÃO PARA O PARTO

1. O MÉTODO PSICOPROFILÁTICO

A educação específica para o parto teve início na década de 30, com o trabalho do obstetra inglês Read,[1] que formulou a hipótese de a dor no parto normal provir da ativação do sistema nervoso autônomo, provocada pelo medo, que causaria um excesso de tensão no útero. As sensações de contração uterina seriam interpretadas como dolorosas nos núcleos da área talâmica. Para quebrar o ciclo medo-tensão-dor, Read criou um método que consistia em fornecer às gestantes informações corretas sobre a gravidez e o parto e ensinar-lhes relaxamento muscular. Em 1939, Read publica *Natural Childbirth*, seu primeiro livro sobre seu método.

No seu trabalho *Psicologia da Gravidez*, Maria Tereza P. Maldonado[2] apresenta um resumo do método psicoprofilático, sua história e suas técnicas, e as principais críticas já feitas a ele. Relata que o método psicoprofilático propriamente dito foi criado na Rússia, em torno de 1949, por Velvovski e Platonov, com base na teoria dos reflexos condicionados de Pavlov. Acreditavam ser a dor no parto fruto de condicionamento cultural, que julgavam poder ser desfeito e substituído por condicionamentos positivos, através de uma abordagem educacional. Em 1951, Lamaze, obstetra francês, introduziu o método russo na França e em vários outros países. Em 1958, Read, reconhecendo a semelhança entre seu método e o de Lamaze, propôs a denominação de método psicoprofilático para todas as técnicas que visassem, por meios psicológicos e físicos, a diminuição ou eliminação da dor no parto, permitindo à mulher parir conscientemente, com um mínimo de analgesia e anestesia. A autora chama

---

1. G. D. Read. *Childbirth Without Fear*. Nova York, Hasper & Brothers, 1942.
2. Maria Tereza P. Maldonado. *Psicologia da gravidez*. Petrópolis, Vozes, 1976.

a atenção para o fato de os métodos de Read e Lamaze, apesar das diferenças de interpretação teórica, possuírem grande semelhança no aspecto técnico-didático, que em ambos inclui: 1. Transmissão de conhecimentos sobre as modificações anatômico-fisiológicas do ciclo gravídico-puerperal, com a finalidade de corrigir noções distorcidas e reduzir a ansiedade e o medo do desconhecido, desfazendo as associações entre parto e dor; 2. O ensino de exercícios físicos para fortalecimento muscular, visando o conforto na gravidez e o uso eficiente dos músculos no parto, assim como o ensino de relaxamento muscular, tanto geral quanto diferencial, e de exercícios respiratórios próprios para os períodos de dilatação e expulsão.

Concordo com a idéia básica do método psicoprofilático sobre o condicionamento cultural como fator causal da dor no parto. Porém, além deste, existem outros fatores causais, tais como patologias anátomo-fisiológicas e condutas iatrogênicas, tanto médicas quanto da gestante. Os condicionamentos culturais se estruturam na história pessoal de cada mulher a níveis emocionais profundos e inconscientes. Assim, um programa de transmissão de conhecimentos sobre a gestação, parto, puerpério e técnicas de respiração e relaxamento, apesar de muito importante, é insuficiente para preparar a mulher para uma boa parturição, pois um trabalho apenas nos planos cognitivo e corporal não supera os condicionamentos culturais, profundamente arraigados a níveis emocionais inconscientes.

2. A PSICANÁLISE

A psicanálise trouxe a contribuição do estudo da influência da sexualidade e dos fatores inconscientes nas vivências de gestação e parto. A esse respeito temos as obras de Helene Deutsch,[3] Marie Langer,[4] Raquel Soifer[5] e outros.

A visão psicanalítica desta questão está inserida no enquadre do desenvolvimento feminino, que Freud considera dar-se em dois grandes períodos, marcados por fases importantes. O primeiro seria caracterizado pela bissexualidade; o segundo relacionar-se-ia com a evolução característica no sexo feminino. Na primeira fase haveria, tanto para a menina como para o menino, uma bissexualidade psíquica, isto é, um componente feminino (passividade) no homem e um componente masculino (atividade) na mulher.

---
3. Helene Deutsch. *La psicologia de la mujer.* Buenos Aires, Edición Losada, 1947.
4. Marie Langer. *Maternidade e sexo.* Porto Alegre, Artes Médicas, 1986.
5. Raquel Soifer. *Psicologia da gravidez, parto e puerpério.* Porto Alegre, Ed. Artes Médicas, 1980.

A menina, na fase pré-edipiana, experimenta para com a mãe sentimentos libidinosos, que adquirem as características das fases que atravessa (oral, sádica-anal e fálica). Esses sentimentos são contudo ambivalentes, porque a mãe nunca proporciona a satisfação suficiente. Quando descobre a existência do pênis, vive a sua ausência em si própria como uma desvantagem e instala-se a "inveja do pênis". Ao perceber a generalidade da situação, é levada a desvalorizar a mãe e as outras mulheres. A partir daí passa por uma tríplice mudança sexual e psicológica: hostilidade contra a mãe, abandono do clitóris como objeto de satisfação e aumento das pulsões sexuais passivas. Ao se tornar passiva, está pronta para muaar de objeto de amor. Sua inclinação pelo pai passa a predominar, e ela substitui o desejo de ter um pênis pelo desejo de ter um filho.

Helene Deutsch[6] dedicou-se a aprofundar a análise de Freud sobre a questão feminina, e escreveu dois volumes sobre a psicologia da mulher e da mãe. Nesse trabalho ela define a mulher-feminina, que identifica como a norma, por três características fundamentais: passividade, masoquismo e narcisismo. A "passividade" seria constitucional e dever-se-ia à conformação dos órgãos genitais: a ausência de atividade vaginal espontânea constituiria o fundamento fisiológico da passividade. O masoquismo seria a conseqüência de, devido à passividade, a agressividade da menina não se voltar para fora e sim para ela mesma. Ao se desligar da mãe, a menina assumiria uma atitude erótico-passiva para com o pai. Este surge, inconscientemente, como o sedutor, de quem ela espera as iniciativas. Seus componentes agressivos se transformam em componentes masoquistas em relação ao pai e, depois, em atitude masoquista geral para com todos os homens. O narcisismo, que viria contrabalançar a tendência masoquista, liga-se à fase de formação do ego, durante a qual o ego se toma a si próprio como objeto e teria uma função duplamente compensatória: compensaria a humilhação da "inferioridade genital" e impediria a tendência masoquista de chegar a extremos danosos para o ego.

O desejo de gestar e parir faria, pois, parte da psicologia da mulher "normal", visto que a evolução da psicologia feminina culminaria com a substituição do desejo de ter um pênis pelo de ter um filho.

Marie Langer considera que os transtornos da gravidez, as dores, dificuldades e angústias do parto provêm "de conflitos psicológicos e de identificações com outras mulheres já transtornadas em sua feminilidade"[7] e sempre, também, da rejeição à criança. Admi-

---
6. Helene Deutsch. *Op. cit.*
7. Marie Langer. *Op. cit.*, p. 191.

te que esta possa ser causada por circunstâncias econômicas e sociais adversas, mas que, fundamentalmente, os problemas se explicam pela revivescência inconsciente da relação primitiva com a própria mãe. Afirma: "Vemos, pois, a interação entre fatores econômicos e afetivos e, novamente, a repetição, por parte da mulher adulta, de sua situação infantil. Durante a gravidez e o parto repete especialmente sua relação primitiva com sua própria mãe."[8] Explica, assim, os transtornos da gestação e parto como uma forma inconsciente de reelaborar vivências das fases infantis mais primitivas da sexualidade e os conflitos do triângulo edípico. A grávida identificaria o feto a si própria, ou à sua mãe. Afirma que a grávida "se identifica com o feto, projeta sobre ele sua própria voracidade infantil, seus desejos da primeira infância de comer a mãe. Quando o feto representa sua mãe, cuja vingança oral teme, é experimentado como algo angustiante e destruidor que ela leva dentro de si."[9] Identifica também o feto como algo roubado à mãe: um filho ou o pênis do pai. Por isso teme a gravidez e o parto como castigos maternos.

O parto seria também uma revivência do trauma do próprio nascimento: a mulher, identificada com seu filho, viveria através dele o medo de separar-se da sua mãe. A separação implicaria em o parto ser sempre uma situação de ansiedade, na qual a mulher necessita do apoio emocional dos que a rodeiam para vivê-la o melhor possível e superá-la.

Marie Langer faz uma avaliação do método psicoprofilático do Dr. Read do ponto de vista da psicanálise: as explicações do médico, afirmando não ser natural a dor do parto, e sim conseqüência de erros do meio ambiente, funcionariam para a mulher como a voz da mãe boa que tranqüiliza o filho: "Não temas esta sombra, não é um fantasma, é apenas uma peça de roupa. (...) Igualmente à mãe que diz isso a seu filho não consegue curá-lo de seu temor aos fantasmas, mas sim acalmá-lo momentaneamente, a mulher angustiada pelo incompreensível e indomável do processo que se desenvolve dentro dela, acalma-se ao receber as explicações tranqüilizadoras do médico (...) Ao seguir as indicações do médico e converter o parto em um trabalho difícil, mas dentro de suas capacidades, recupera a confiança em si própria, desfaz a identificação com a criança indefesa, converte-se em mãe ativa e já não teme a separação da criança, porque saberá protegê-la depois como a protege neste momento, evitando-lhe um parto difícil. O domínio do processo de parto lhe dá assim o meio de superar mais facilmente o trauma da separação de seu fi-

---

8. Marie Langer. *Op. cit.*, p. 193.
9. Id. *ibid.*, p. 197.

lho e de levar o termo com todas as suas forças, mas sem temor e castigo, isto é, sem dor, o magno processo de parto".[10]

A autora apresenta a psicoterapia como uma forma de minimizar os transtornos da gravidez e parto, mas acredita que tais problemas só sejam realmente superados educando "filhas sadias que tenham um mínimo de angústia e sentimentos de culpa e que possam aceitar prazerosamente sua feminilidade, podemos esperar que a gravidez e o parto sejam novamente o que são ainda em algumas sociedades ou para algumas mulheres felizes de nossa sociedade: a conquista máxima de suas faculdades biológicas acompanhada pela plena consciência de intervir na maior experiência possível: ter concebido e alimentado dentro de si um novo ser e ter-lhe dado a vida".[11]

A identificação, nos transtornos da gestação e parto, de fatores inconscientes provenientes de vivências sexuais infantis, é uma relevante contribuição da psicanálise e não pode ser desconsiderada. Porém, o modelo psicanalítico que identifica a feminilidade com a aceitação prazerosa da maternidade e com os atributos de passividade, masoquismo e narcisismo pode ser profundamente androcêntrico, reforçador da dominação sobre a mulher; as características citadas, frutos da cultura, são tomadas como modelo de saúde mental a ser atingido e não como norma a ser superada. Mitificam-se assim os papéis femininos, especialmente o materno. É fundamental a desmitificação dos papéis femininos para a vivência de um parto feliz. Ademais, um acompanhamento psicoterapêutico psicanalítico durante a gestação atende, na preparação para o parto, à elaboração da repressão sexual e da dinâmica afetiva inconsciente, não preenchendo porém os requisitos de transmissão de conhecimentos sobre os aspectos corporais de gestação, parto e puerpério, nem do questionamento da situação sócio-econômico-institucional de atendimento à mulher.

3. AS TÉCNICAS DE INTERVENÇÃO EM CRISE E PSICOTERAPIAS BREVES

Sob a influência da teoria da crise, de G. Caplan[12] e outros, surgiram diversos trabalhos com gestantes. Por crise compreende-se momentos de grandes transformações da situação vital, previsíveis, como a adolescência, ou imprevisíveis, como a perda súbita de um ente querido. A gravidez e o parto definem-se como crise, pois implicam uma reestruturação da identidade, da relação familiar, da si-

---
10. Marie Langer. *Op. cit.*, p. 222.
11. Id. *ibid.*
12. G. Caplan. *Principles of Preventive Psychiatry*. Nova York, Basic Books, 1964.

tuação sócio-econômica. Os trabalhos de intervenção em crise partem do pressuposto de que estando num estado momentâneo de equilíbrio instável, buscando soluções, a pessoa em crise é mais acessível à ajuda e aproveita melhor os auxílios oferecidos.

Com base nesta teoria, criaram-se diversos tipos de atendimento grupal a gestantes, com variações técnicas quanto a aspectos tais como quantidade de material informativo a ser transmitido, duração e período gestacional em que a intervenção pode ocorrer, participação de profissionais diversos, presença do pai etc., porém visando todos à preparação para a maternidade, "através do fortalecimento dos mecanismos adaptativos do ego e da redução da ansiedade e do domínio cognitivo da situação",[13] com ênfase na discussão em grupo. O material trazido pelo grupo é elaborado a partir de três técnicas: 1. Reflexão de sentimentos (expressão clara e aceitação, por parte do profissional, dos sentimentos da cliente); 2. Orientação antecipatória (fornecimento de informações objetivas sobre os possíveis acontecimentos com que a pessoa se defrontará); 3. Reasseguramento (assinalamento, pelo profissional, dos aspectos positivos da realidade). Essas técnicas voltam-se para a elaboração da situação presente, independentemente de suas ligações com problemas passados.

Assim, também, as psicoterapias breves — individuais ou em grupo — voltam-se para um atendimento focal, isto é, com o tempo e objetivos limitados. É dada ênfase à análise dos conflitos e das inter-relações pessoais presentes e das resistências circunscritas às defesas mais superficiais. As reações transferenciais são analisadas apenas quando muito evidentes e impeditivas do bom andamento da terapia. É considerada uma terapia de apoio, superficial, em oposição à psicanálise, que seria uma terapia "profunda", do "inconsciente".

Na linha da intervenção em crise, destaca-se, no Rio de Janeiro, o trabalho de Maria Tereza P. Maldonado, denominado "Intervenção Psicológico-Educacional", que objetiva preparar o casal para a maternidade e a paternidade, reduzir a ansiedade no ciclo gestação-parto-puerpério e favorecer o alcance de novos níveis de integração e amadurecimento da personalidade. Realiza-se em "doze sessões com grupos pequenos de casais ou só de gestantes a partir do segundo trimestre da gravidez, primíparas ou multíparas, de personalidade razoavelmente bem ajustadas (...) os três vetores básicos da IPE são: a transmissão de informações sobre o ciclo gravídico-puerperal; os exercícios de sensibilização corporal e de estética pós-parto e o treinamento de técnicas de relaxamento e respiração para o parto; os

---

13. Maria Tereza P. Maldonado. *Op. cit.*, p. 93.

grupos de discussão sobre as vivências emocionais envolvidas nas situação de ter um filho e o impacto da gravidez na estrutura familiar.

Cada um implica a utilização de diversas técnicas de atendimento psicológico especialmente a orientação antecipatória, a reflexão de sentimentos e o reasseguramento.[14]

Há um elevado grau de eficácia nas psicoterapias breves e também nos trabalhos de intervenção em crise, na elaboração de conflitos superficiais, comuns na gestação. Contudo, no caso de gestantes, os conflitos infantis são facilmente mobilizáveis pela vivência da gravidez, principalmente em primíparas, pois a mulher passará a ser mãe, a ocupar em relação ao ser que gesta o lugar que sua mãe ocupava em relação a si, na infância. Assim, torna-se freqüentemente difícil tratar seus conflitos atuais circunscrevendo-os só ao presente, pois a imagem de mãe estrutura-se desde a infância, ao longo das vivências de adolescente e de toda a história pessoal inserida na história mais ampla da mulher.

Tive oportunidade de observar, em instituições públicas e privadas, trabalhos de intervenção em crise nos quais atuavam profissionais diversos. Estes trabalhos eram denominados de "multi" ou "interdisciplinares" e consistiam, na realidade, em atendimentos sucessivos, efetuados pelos diversos especialistas. Havia uma série de aulas com um médico, nas quais eram ensinados a fisiologia da concepção, o desenvolvimento fetal, as etapas do parto e pós-parto, amamentação, cuidados com o bebê; durante essas aulas, muitas vezes surgiam temores e fantasias nas gestantes, que não eram verbalizados no momento ou, se mencionados, não eram investigados mais profundamente porque o médico não tinha ali esta função, nem o preparo para fazê-lo; tais fantasias e temores deveriam ser investigados pelo psicólogo com o qual as mulheres teriam um atendimento depois, às vezes logo em seguida, às vezes em outro dia. Os medos e fantasias não investigados e elaborados na hora em que surgiam perturbavam a possibilidade de introjetar o conhecimento transmitido. Esses temores e fantasias não trabalhados no momento, além de dificultarem a aquisição do conhecimento, eram, por vezes, recalcados, não vindo a ser expressos nas sessões com o psicólogo. Em algumas instituições, além do trabalho com médicos e psicólogos, havia um trabalho corporal, em geral a cargo de um professor de ginástica ou fisioterapeuta, que se ocupava exclusivamente da questão corporal, empregando técnicas de relaxamento, respiração e ginástica. Nessas ocasiões, muitas vezes, as gestantes comparavam o ta-

---

14. Maria Tereza P. Maldonado. *Op. cit.*, p. 101.

manho dos abdômens, surgiam ansiedades sobre o desenvolvimento do feto que não podiam ser expressas e trabalhadas no momento, pois a transmissão de conhecimento sobre o desenvolvimento fetal estava a cargo do médico e a investigação e elaboração das fantasias a cargo do psicólogo. O recalque desse material certamente dificulta a consecução de pelo menos um dos objetivos do trabalho corporal: o aprendizado do relaxamento muscular.

Neste tipo de trabalho, "multi" ou "interdisciplinar", aparece a divisão de tarefas típicas do mundo capitalista, cada profissional sendo o "dono" de um "feudo" de conhecimento. É a dicotomização do ser humano em esferas separadas (corpo/mente, cognição/emoção), o que não oferece à gestante a possibilidade de integrar os diversos aspectos da vivência, dificultando portanto sua capacidade de atuar positivamente durante o trabalho de parto.

Desejava utilizar uma metodologia na qual as vivências de gestação e parto fossem trabalhadas de modo integrado, em seus diversos aspectos: corporal, emocional, cognitivo, sócio-econômico e na qual as dicotomias pessoal/social, privado/público, corpo/mente, consciente/inconsciente, superficial/profundo fossem questionadas. Encontrei a resposta a este anseio no psicodrama de Jacob Levi Moreno.

4. O PSICODRAMA

Apesar de julgar que a obra moreniana apresenta contradições e lacunas, uso as técnicas psicodramáticas inseridas no seu enfoque teórico, valendo-me, quando necessário, de conceitos de outros pensadores compatíveis com a tarefa de elucidar pontos incompletos da teoria.

São fundamentais para o trabalho com gestantes os seguintes conceitos básicos da teoria moreniana: momento, espontaneidade, criatividade, conserva cultural, ego, papel e matriz de identidade.

Moreno não define "momento", mas nos diz as condições para a sua existência: "A categoria de momento só tem significado num universo aberto, isto é, num universo em que têm lugar a mudança e a novidade. Num universo fechado, pelo contrário, não existe momento e, com sua ausência, não há crescimento, espontaneidade ou criatividade. É quando tem lugar alguma novidade e a percepção de uma mudança é estimulada no sujeito, um sujeito que é capaz de 'responder' à mudança, que se pode destacar suficientemente um acontecimento para ser focalizado em sua mente como um 'momento', separado de momentos, passados e futuros como um momento particular".[15]

---

15. J. L. Moreno, *Psicodrama*. Ed. Cultrix, São Paulo, 1975, p. 155.

O conceito de momento contém não só o presente, mas também o passado e o futuro, que se encontram no aqui e agora em forma de lembranças ou de planos e projetos. No trabalho com gestantes é fundamental ter isso em mente, pois a mulher, durante a gestação, revive com intensidade sua relação mais primitiva com sua própria mãe ao mesmo tempo em que se projeta constantemente para o futuro, para os momentos em que sua maternidade se concretizará e passará efetivamente a exercer o papel de mãe.

A criatividade e a espontaneidade, já relacionadas no conceito de momento, estão vinculadas entre si. Moreno define a primeira por sua dinâmica interna: "É necessário que penetremos em seus opostos dialéticos para esclarecer o que significa. Uma maneira de definir a criatividade é por seu estado máximo, o máximo de criatividade, um mundo que tenha sido criativo desde o princípio até o fim e que nunca deixa de ser criativo. O oposto seria o da criatividade zero, um mundo inteiramente carente de criatividade, automático, sem passado nem futuro, sem evolução nem meta, absolutamente imutável e carente de sentido. A criatividade se manifesta em uma série de estados ou atos criativos".[16] O produto do processo criativo é a "conserva cultural", isto é, qualquer coisa que preserva os valores de uma cultura: um livro, um filme, um edifício, um padrão de comportamento. Moreno não nega a importância do passado, nem desvaloriza a conserva cultural. Apenas adverte contra seu uso como instrumento de poder na luta entre os que querem preservar o *status quo* e os que querem criar o futuro: "Enquanto depósito do passado, as conservas culturais preservam e continuam o eu criador do homem. Sem elas o homem poderia ver-se reduzido a criar espontaneamente as mesmas formas para enfrentar as mesmas situações, dia após dia (...) Contudo, é perigoso que a humanidade se confie demais na conserva cultural. Este perigo está implícito tanto no estado final da conserva como no abuso dela pelo homem. Pois a criatividade espontânea — por suprema que seja em si mesma —, uma vez conservada, por definição, já não é mais espontaneidade; perdeu sua atualidade no universo (...) as conservas representam o maior capital cultural, uma forma de propriedade e de poder, um meio para expressar a superioridade quando não se dispõe da superioridade da criatividade espontânea imediata".[17]

Moreno compara a criatividade a uma Bela Adormecida que, para ser eficaz, precisa de um catalisador. Este seria a espontaneida-

---

16. J. L. Moreno, "La teoria creativa de la personalidad", *in* Ira A. Greenberg, *Fundamentos y Normas del Psicodrama*. Buenos Aires, Editorial Paidós, 1977, p. 104.
17. Id. *ibid.*, p. 109.

de que, segundo Moreno, vem do latim *sua sponte* e significa "que vem de dentro" e também "por livre vontade". Define a espontaneidade como uma forma de energia que, porém, não se conserva. "Surge e se consome em um momento, tem que surgir para ser consumida e tem que ser consumida para dar lugar a um novo surgimento (...) A espontaneidade opera no presente, no *hic et nunc*. Impulsiona o indivíduo a dar uma resposta adequada a uma nova situação ou uma nova resposta a uma situação conhecida."[18] Para chegar-se a um estado de espontaneidade há um "processo de aquecimento preparatório" no qual funcionam vários "agentes de arranque" ou "iniciadores" que podem ser corporais (um complexo processo físico em que as contrações musculares desempenham um papel preponderante), mentais (sentimentos e imagens) e psicoquímicos (álcool, drogas).

Moreno afirma a existência de três tipos de espontaneidade: o primeiro seria uma variedade patológica, em que haveria uma resposta nova porém não adequada à situação, como, por exemplo, algumas respostas de psicóticos e crianças. A outra variedade seria uma espontaneidade estereotipada, em que a resposta é adequada à situação, porém carece de novidade suficiente ou de uma criatividade significativa para ser frutífera, como, por exemplo, a reação repetitiva de um comediante face a uma situação. O terceiro tipo de espontaneidade é o da elevada criatividade do gênio: "Neste tipo há uma resposta adequada acompanhada por características que são por sua vez novas e criadoras. Os fenômenos resultantes podem tomar a forma de um ato ou um produto substantivo tal como um poema, uma história, um objeto de arte ou um aparelho mecânico. Para ser verdadeiramente espontâneo, o resultado tem que ser de alguma maneira novo e útil para algum fim".[19] Assim, o que caracterizaria a adequação da espontaneidade seria a novidade e utilidade de seus resultados.

E, na visão de Homem de Moreno, está o parâmetro para julgar a utilidade de um resultado: é útil tudo o que promove o encontro, a cooperação e a responsabilidade do homem para com todos os seus semelhantes e com o mundo a seu redor.

Assim, será útil para a gestante tudo que promover seu encontro, cooperação e responsabilidade para com seu filho, companheiro, demais familiares e atores do seu meio social.

As grávidas trazem, como fonte de conflito, inúmeras "conservas culturais" sobre o papel de mãe. As mais comuns são: "uma boa

---

18. J. L. Moreno. "La teoria creativa de la personalidad". *Op. cit.*, p. 106.
19. Id., *ibid*, pp. 107-8.

mãe deve sofrer"; "a mãe é assexuada"; "a boa mãe ama os filhos incondicional e eternamente"; "a boa mãe ama todos os filhos do mesmo modo". Trazem também, além da "conserva cultural" da dor como inerente ao parto, outras mais recentes, frutos de movimentos modernos: o ideal é o parto de cócoras, ou o parto n'água etc.

O profissional, no trabalho com gestantes, deve estar atento ao questionamento dessas "conservas culturais" e jamais criar novas "conservas", novos modelos ideais de parto ou de maternidade. Deve, sim, procurar liberar a espontaneidade e a criatividade da mulher, através da conscientização de como se formam as "conservas", os papéis conservados.

Para Moreno, o ego se constitui através da formação de papéis. O desempenho do conjunto de papéis — psicossomáticos, psicológicos e sociais — é que constitui o "eu". "O desempenho de papéis é anterior ao surgimento do eu. Os papéis não emergem do eu, é o eu quem, todavia, emerge dos papéis."[20] Moreno afirma: "O papel pode ser definido como uma unidade de experiência sintética em que se fundiram elementos privados, sociais e culturais (...) um papel é uma experiência interpessoal e necessita, usualmente, de dois ou mais indivíduos para ser realizado".[21]

Os papéis dividem-se em papéis fisiológicos ou psicossomáticos, psicológicos ou psicodramáticos e sociais. Os primeiros a se formarem são os psicossomáticos e correspondem às funções indispensáveis à sobrevivência da criança: comedor, dormidor, urinador, defecador. Na formação desses papéis atuam diversos fatores: 1) a espontaneidade da criança "que a habilita a superar-se a si mesma, a entrar em novas situações como se carregasse o organismo, estimulando e excitando todos os seus órgãos para modificar suas estruturas, a fim de que possam enfrentar as novas responsabilidades";[22] 2) a zona, isto é, "o ponto focal de um dispositivo físico de arranque no processo de aquecimento preparatório de um estado espontâneo de realidade"; da zona participam não só a estrutura física da criança mas também os objetos e pessoas que entram em contato com esta estrutura. Exemplo é a formação do papel de comedor em que entram o peito da mãe, o leite, o ar entre eles. Neste primeiro universo infantil, a criança passa por dois períodos: o primeiro, de identidade total, em que pessoas e objetos, incluindo ela própria, não são diferenciados, mas experimentados como uma multiplicidade individual (matriz de identidade total); o segundo, de identidade

---

20. J. L. Moreno. *Psicodrama. Op. cit.*, p. 25.
21. Id. *Ibid.* p. 101.
22. Id. *Ibid.* p. 108.

total diferenciada ou realidade total diferenciada, em que animais, pessoas, objetos e enfim a própria criança passam a diferenciar-se. Mas ainda não existe a diferença entre o real e o imaginado, que se instala no início do "segundo universo" quando "formam-se dois conjuntos de processos de aquecimento preparatório — um de atos de realidade, outro de atos de fantasia — e começam se organizando. (...) a função da realidade opera mediante interpolações de resistências que não são introduzidas pela criança mas lhe são impostas por outras pessoas, suas relações, coisas e distâncias no espaço e atos e distâncias no tempo".[23] É esta brecha entre fantasia e realidade que gera dois novos conjuntos de papéis: os que "correlacionam a criança com pessoas, coisas e metas do ambiente real, exterior a si mesma, e a pessoas, objetos e metas que ela imagina estarem fora de si mesma".[24] Ao primeiro Moreno denomina papéis sociais e dá como exemplo o de filho, pai, bombeiro etc. Aos imaginados, denomina papéis psicodramáticos ou psicológicos e dá como exemplo o de Deus. O desenvolvimento da criança passa, pois, por três etapas fundamentais: a da identidade do eu com o tu, do sujeito com os objetos circunvizinhos, a do reconhecimento do eu, de sua singularidade como pessoa, e a do reconhecimento do tu, reconhecimento dos outros. Os papéis psicossomáticos e psicológicos já se formam dentro dos papéis sociais. Moreno, porém, vê a formação dos papéis sociais do ponto de vista de uma sociologia dos pequenos grupos, de uma microssociologia não inserida numa perspectiva mais ampla, sem levar em conta fundamentos econômicos e históricos. Assim, não relaciona a formação do papel social com o papel de classe e parece-nos que esta inserção é fundamental para explicar as patologias e ansiedades no desempenho dos papéis. Moreno afirma que "a função do papel é penetrar no inconsciente, desde o mundo social, para dar-lhe forma e ordem",[25] e assinala a ansiedade causada pelo desempenho dos papéis socialmente determinados, sem contudo oferecer uma explicação efetiva: "todo e qualquer indivíduo está cheio de diferentes papéis em que deseja estar ativo e que nele estão presentes em diferentes fases do desenvolvimento. É em virtude da pressão ativa que essas múltiplas unidades individuais exercem sobre o papel oficial manifesto que se produz amiúde um sentimento de ansiedade".[26]

A explicação para as ansiedades e conflitos no desempenho dos papéis reside, em meu entender, no fato de que cada ser humano,

---
23. J. L. Moreno. *Psicodrama. Op. cit.*, p. 123.
24. Id. *ibid.* p. 124.
25. Id.*ibid.*, p. 28.
26. Id. *ibid.*

cada ego constitui-se de diversos papéis, todos formados nos aparelhos ideológicos do Estado[27] e trazendo as marcas das contradições e dos antagonismos ideológicos existentes em cada um desses aparelhos. A ideologia, representação da relação imaginária dos indivíduos com suas condições reais de existência, tem uma existência material: existe em um aparelho e em suas práticas e rituais. A ideologia transforma os indivíduos em sujeitos através da "interpelação", operação que, segundo Althusser, pode ser entendida "como o tipo mais banal de interpelação policial (ou não) cotidiana: 'ei, você aí'".[28] Os indivíduos são "interpelados", transformados em sujeitos, já mesmo antes de nascer: "as formas de ideologia familiar/paternal/conjugal/fraternal, que constituem a espera do nascimento da criança, lhe conferem antecipadamente uma série de características: ela terá o nome do seu pai, terá portanto uma identidade, e será insubstituível. Antes de nascer a criança é portanto sujeito, determinada a sê-lo através de e na configuração ideológica familiar na qual ela é 'esperada' após ter sido concebida".[29] A ideologia, pela interpelação, tem o efeito característico de impor, sem parecer fazê-lo, as "evidências" como evidências, que não podemos deixar de reconhecer. É a função de "reconhecimento", sendo o "desconhecimento" sua função inversa.

Segundo Althusser, envoltos no sistema de interpelação, os sujeitos "caminham por si mesmos" na maioria dos casos, isto é, inserem-se nas práticas e rituais do AIE, exceto os "maus sujeitos", que provocam a intervenção de algum setor do aparelho repressivo do Estado.

Em termos de teoria de papéis, pode-se dizer que cada aparelho ideológico interpela o "sujeito" em forma de papel: o aparelho religioso interpela-o no papel de fiel, padre, pastor etc.; o escolar nos de aluno, mestre, bedel, diretor etc.; o aparelho familiar como filho, pai, irmão, mãe etc. As interpelações são complementares, pois um "sujeito" só pode ser interpelado como professor se houver um outro interpelado como aluno, isto é, a cada papel corresponde sempre um contra-papel. A ideologia que interpela o sujeito em cada AIE é a de classe dominante, e através das práticas e rituais próprios de cada aparelho objetiva subjugar a espontaneidade e a criatividade do ser humano, sujeitando-o em papéis "conservados" e conservadores. Porém, a ideologia da classe dominante não é a única presente e circulante nos AIE "porque a resistência das classes exploradas

---

27. Louis Althusser. *Aparelhos Ideológicos do Estado*. Rio de Janeiro, Graal, 1987 (3ª ed.).
28. Id. *ibid*. p. 96.
29. Id. *ibid*. p. 98.

pode encontrar o meio e a ocasião de expressar-se neles, utilizando as contradições existentes ou conquistando pela luta posições de combate".[30] Assim, cada papel constitui-se de modo contraditório, abrangendo as contradições das ideologias antagônicas nos AIE. Estando cada ser humano inserido em diversos AIE, é portanto interpelado como sujeito em diversos aparelhos ideológicos, sendo portanto sujeito de diversas sujeições, que, se bem tenham todas as homogeneidades da sujeição de classe, têm também as contradições de luta das ideologias antagônicas existentes em cada AIE. Isto é, cada ser humano é formado por diversos papéis, todos ideológicos e trazendo as marcas das contradições e dos antagonismos ideológicos existentes em cada AIE. Nenhum ser humano é um sujeito no sentido ideológico de ser livre, nem "indivíduo" no sentido, também ideológico, de indiviso, que não se divide. Mas, ao contrário, é dividido em papéis contraditórios em si e entre si. Isto explica por que, como diz Althusser, embora a maioria dos indivíduos "caminhem por si próprios" nas trilhas da sujeição, esta caminhada não se dá sem sofrimentos e conflitos, e a espontaneidade e criatividade não são totalmente subjugadas.

A atuação nos papéis psicodramáticos permite ao protagonista (e por extensão, ao grupo), na medida em que vive seus papéis e contra-papéis, ir desvelando como os mesmos se constituíram ideologicamente, na ordem social; ir percebendo como os papéis psicossomáticos e psicológicos estão formados pelos papéis sociais e como estes estão inseridos em um papel de classe e marcados pelas contradições das ideologias antagônicas em luta nos Aparelhos Ideológicos do Estado. O protagonista obtém, assim, a "catarse de integração", que, segundo Moreno, é a verdadeira catarse e consiste em uma nova visão da realidade e de suas próprias potencialidades para transformá-la e transformar-se.

Para Moreno, o nascimento não é um trauma, mas o momento de máxima espontaneidade do homem. O feto atua com seus próprios dispositivos físicos de arranque, sua cabeça e seus pés pressionando contra as paredes musculares do útero, a fim de adquirir impulso. Entretanto, seus esforços não podem ser solitários: têm que ser ajudados pelos arranques tanto físicos (contrações involuntárias do útero) quanto mentais da mãe (manobra de força consciente, no momento da expulsão). Entretanto, se, como diz Moreno, durante o parto a criança tem de atuar em papéis sem possuir um ego ou personalidade para desempenhá-los, atuando assim com a máxima espontaneidade, a mãe já tem sua espontaneidade limitada pelos pa-

---

30. Louis Althusser. *Op. cit.*, p. 71.

péis conservados da cultura. Seus arranques físicos e mentais podem, pois, não operar, gerando inúmeros problemas, tais como a não entrada espontânea em trabalho de parto, caso em que, freqüentemente, o médico recorre a arranque psicoquímico: a indução do parto através da administração de ocitocina. Determinados partos prematuros também poderiam ser explicados pelo funcionamento patológico dos arranques físicos maternos. O médico e a equipe de saúde, por sua vez, também cristalizados em seus papéis, freqüentemente atuam de forma estereotipada, não respeitando o ritmo e peculiaridades de cada parto.

É pois fundamental que a mãe desenvolva sua espontaneidade, não apenas, evidentemente, para o sucesso do parto, mas também porque a mãe será fundamental na formação da matriz de identidade do novo ser, como seu principal ego-auxiliar, desde a formação de seus papéis iniciais de comedor e eliminador até todos os demais papéis.

Assim, o psicodrama é usado no grupo com a finalidade terapêutica de liberar a espontaneidade e a criatividade da gestante, bem como com o objetivo pedagógico de fornecer-lhe conhecimentos que servirão, por sua vez, de instrumentos para o aumento da criatividade e da espontaneidade.

No cenário psicodramático tudo pode ser representado: cenas e fatos da vida cotidiana, fantasias, emoções e até órgãos internos tais como útero, trompas, ovários, podem adquirir vida e falar, agir. Assim, as técnicas psicodramáticas tanto permitem a elaboração das representações da realidade, quanto a aquisição de conhecimentos objetivos. Uma vez que alguém representa, no cenário, com o próprio corpo e o dos companheiros, por exemplo a anatomia feminina interna e externa, pode verificar tanto suas fantasias e emoções sobre o assunto quanto adquirir conhecimentos sobre o mesmo, em geral, de modo duradouro.

Portanto, o emprego do psicodrama, no grupo de gestantes, integrando os aspectos terapêuticos e pedagógicos, atinge todos os objetivos citados ao final do Capítulo I como necessários a uma preparação eficaz para o parto e a maternidade.

Capítulo III

QUESTIONANDO A REALIDADE: NOSSOS GRUPOS DE PREPARAÇÃO PARA O PARTO

1. OBJETIVOS E CARACTERÍSTICAS DOS GRUPOS

O objetivo, nos grupos de gestantes, era preparar a mulher ou o casal para viverem o parto e a maternidade/paternidade da forma mais espontânea e criativa possível a cada um.

O atendimento em grupo foi considerado fundamental pela troca de experiências entre várias pessoas partilhando a mesma situação vital. Contudo, eventualmente, havia atendimento individual em casos de perturbações graves que demandassem maior atenção ou em casos de impossibilidade de horário para grupo.

Descreverei o trabalho que realizei, entre 1976 e 1983, com grupos de classe média no Centro de Estudos e Atendimento à Mulher e à Infância — CEAMI, e de julho de 1984 a fevereiro de 1986 com classe popular no Subposto de Saúde de Saracuruna, no município de Duque de Caxias, como parte do projeto de educação popular do Centro Comunitário Duque de Caxias, da Igreja Metodista.

Nos grupos de classe média, atendi, durante esse período, cerca de 130 gestantes, e 47 nos de classe popular. Ambos tinham características, temas e problemas comuns, como possuíam suas especificidades, que serão assinalados ao longo deste capítulo. Os objetivos, a filosofia, a metodologia eram os mesmos em ambos os grupos, havendo apenas adaptação de algumas técnicas quando havia mulheres que não sabiam ler.

As mulheres de classe média eram, em sua grande maioria, primigestas, de nível universitário, inseridas no setor formal do mercado de trabalho, moradoras em bairros das zonas Sul e Norte próximos ao centro do Rio, casadas ou vivendo maritalmente com o pai do bebê.

Nos grupos de classe popular, a maioria tinha apenas até a 4.ª série do 1.º grau; algumas tinham o 1.º grau completo, poucas não sabiam ler e apenas uma estava cursando universidade — curso de pedagogia. Todas, sem exceção, estavam desempregadas, sendo que algumas faziam biscates, como, por exemplo, faxinas. Algumas já tinham tido empregos anteriores, em fábricas ou no comércio. A maioria também era casada ou vivia maritalmente com o pai do bebê. Havia maior proporção de gestantes em segunda gravidez e até mesmo de multíparas. Eram todas moradoras de Saracuruna e Jardim Primavera, dois bairros contíguos e distantes cerca de cinqüenta minutos de ônibus do centro de Caxias. Ambos os bairros têm luz elétrica e água encanada, não dispondo porém de calçamento nem rede de esgoto, sendo o sistema de escoamento dos detritos domésticos o de valas abertas. Não há coleta regular de lixo e há grandes extensões não construídas, onde cresce mato. A maioria das habitações é de alvenaria e só existe iluminação pública nas ruas principais.

Os grupos de classe média realizavam-se tanto em horários diurnos quanto noturnos. Em Caxias realizaram-se sempre à tarde, pois as distâncias e difíceis condições de transporte e de falta de iluminação pública faziam com que as mulheres rejeitassem o horário noturno. O grupo era realizado no Subposto de Saúde, cedido pela Secretaria Estadual de Saúde. O horário diurno também explica o fato de todas serem desempregadas.

As gestantes de classe média, em sua quase totalidade, faziam o pré-natal e o parto com médicos particulares autônomos ou conveniados com grupos de atendimento privado tais como Golden Cross, Unimed, Amil etc. Durante todo meu trabalho no CEAMI, só três clientes fizeram pré-parto e parto na rede pública. Todas as gestantes de classe popular, sem exceção, faziam o atendimento pré-parto e o parto através do INAMPS, nas clínicas conveniadas.

Os grupos tinham sempre um mínimo de quatro e um máximo de doze pessoas. Os de classe média, no início, eram só femininos e fechados, isto é, começavam com um número determinado de participantes e não se admitia entrada de novos membros até concluído o trabalho do grupo, que, em geral, durava de quatro a cinco meses. Posteriormente, passei a trabalhar com grupo aberto, isto é, com prazo determinado para início, porém não para término, e no qual, à medida que as gestantes vão tendo bebê e deixando o grupo, outras vão sendo admitidas. Passei, também, a atender casais. Nos grupos só de mulheres, em geral, marcava-se, de acordo com o desejo e a conveniência do grupo, duas ou três sessões para os futuros pais.

De início, os grupos eram realizados em duas sessões semanais de uma hora cada, numa das quais fazia-se principalmente trabalho de conscientização corporal, relaxamento e respiração e, na outra, o trabalho de conscientização dos aspectos biológicos e sócio-econômico-culturais da gestação, parto e pós-parto. Posteriormente, houve a integração de tais trabalhos, através do psicodrama terapêutico-pedagógico, em uma única sessão semanal de duas horas.

Os grupos de classe popular foram sempre abertos, em sessão única semanal de duas horas e exclusivamente femininos. A participação do homem, seja nas consultas pré-natais, no grupo preparatório ou no parto, não faz parte da cultura popular; não é sequer cogitada pelas gestantes ou pelos maridos. Sem dúvida, as condições de trabalho assalariado com rígidos controles de horário, e a própria proibição da rede pública quanto à participação de qualquer acompanhante, seja feminino ou masculino, no decorrer do parto, não favorece a existência da demanda pela participação do marido de classe popular nos atendimentos à gravidez e parto. Em geral, sua participação restringe-se a levar a mulher até a maternidade caso o trabalho de parto se inicie em horário em que não esteja trabalhando, ou em visitá-la no curto horário de visita da maternidade. Porém as gestantes de classe popular que atendemos relatavam transmitir aos maridos as informações que obtinham no grupo.[1]

Nos grupos, procuramos estabelecer uma relação coordenador/coordenandos que fosse aberta e de troca, não se ocultando o poder específico do coordenador nem o de cada participante do grupo, mas desnudando e questionando os limites desses poderes.

As metas e objetivos a serem alcançados e as regras de funcionamento eram determinadas no debate grupal e reelaboradas no decorrer do trabalho, partindo sempre do levantamento do universo referencial do grupo, isto é, do conjunto de sensações, emoções, idéias do grupo sobre os temas a serem abordados. Em geral, os temas seguem uma seqüência, não havendo porém rigidez, visto que em cada reunião identifica-se o tema gerador, isto é, aquele que o grupo necessita trabalhar e que será visto nos seus diversos aspectos, nas suas contradições internas e contradições e interligações com outros temas, cada vez mais amplos, até os limites do desejo e possibilidades de cada grupo.

Quatro temas gerais perpassavam todos os temas específicos tratados no grupo: as relações familiares, mais especificamente mãe/filho e homem/mulher; a relação médico/paciente; o poder; e a sexualidade que permeiam as relações.

Os temas específicos, listados a seguir, são trabalhados, mais ou menos na seqüência exposta:

---

1. No próximo capítulo veremos um caso de intervenção de um marido de classe popular no parto de sua mulher, motivado por uma situação de extremo conflito com o médico e baseado nas informações sobre parto que adquirira através dos relatos de sua mulher sobre o conteúdo do grupo. Depoimento de Ângela.

a) levantamento das expectativas do grupo e estabelecimento do contrato de trabalho;
b) sensações no parto e noções gerais sobre as suas etapas;
c) anatomia e fisiologia feminina;
d) gravidez: alterações físicas, emocionais, sociais que acarreta;
e) desenvolvimento fetal;
f) parto: seus sinais, fases, possíveis condutas médicas e da gestante, tipos de parto, tipos de anestesia;
g) pós-parto: aspectos físicos, emocionais, sociais, relação com o bebê, amamentação, relação pai/mãe/filho.

Cada tema pode ocupar uma ou mais sessões, sendo freqüente que ocupe mais de uma e retorne em diversas ocasiões, especialmente quando o grupo é aberto.

Os objetivos e expectativas, das gestantes e da coordenação, constituem o primeiro tema do grupo. A maior parte das gestantes, tanto de classe média quanto de classe popular, procurava os grupos movida pelo medo ao parto e, principalmente, à dor, embora também fosse verbalizado o medo de morte, própria ou do feto, principalmente em gestantes de classe popular. Outras expectativas que surgiam: 1. Compreender e aprender a lidar com as transformações físicas, emocionais e sociais ocorridas durante a gestação e geradoras de muita ansiedade: esta expectativa aparecia mais freqüentemente em gestantes de classe média se bem que as de classe popular também a trouxessem com relativa freqüência através de expressões tais como: "Fiquei nervosa com a gravidez e queria ver se aqui no grupo poderia melhorar desse nervoso"; 2. Aprender a cuidar do bebê: essa demanda era bem mais freqüente na classe média. As gestantes de classe popular, em geral, possuem experiência de ajudar a cuidar de irmãos e crianças pequenas da rede de parentes e vizinhos; 3. Refletir sobre a maternidade e a relação com o pai do bebê: expectativa típica de classe média, raramente sendo expressa por gestantes de classe popular.

Após o levantamento das expectativas, a seqüência de temas exposta acima ocorria naturalmente, visto que a principal demanda é saber o que fazer para evitar a dor. Verificava-se, quando se fazia o levantamento do universo referencial do grupo, que havia um quase total desconhecimento de fatos objetivos sobre o parto. O nível de ansiedade sobre essas questões é grande, sendo necessário que se forneça, de imediato, noções gerais sobre o parto, e se discuta a questão das sensações a ele ligadas, inclusive a dor. Essas próprias noções acarretam a necessidade de entender a anatomia e fisiologia femininas (tema c); o que, por sua vez, leva à discussão das modificações físicas, emocionais e sociais ocorridas na gestação (tema d); como destas, a principal é a presença do feto em crescimento, passamos à discussão do desenvolvimento fetal (tema e); o término do desenvolvimento fetal conduz ao início do trabalho de parto, discutindo-se, então, os seus sinais e as questões relativas ao seu desenrolar (tema f) e, por fim, ao pós-parto (tema g).

2. TEMAS GERAIS

As relações familiares e médico/cliente, a sexualidade e o poder eram temas que surgiam em quase todas as sessões. Estão estreitamente relacionados entre si, pois é nas relações familiares, escolares e de atendimento à saúde que a sexualidade é ensinada e aprendida, que os padrões de comportamento são formados, através do exercício de poderes.

2.1. O poder

O poder existente nessas relações era visto com a perspectiva colocada por Foucault[2], de que o poder não é algo que se possui como uma coisa, um objeto, mas que existem práticas de poder, nas quais tanto um quanto outro pólo da relação exercem poderes específicos, têm práticas próprias, das quais a repressão não é a mais eficiente nem a mais utilizada. A disciplina, no sentido da produção de normas e modelos de conduta, e a produção de saberes são funções de poder tanto a nível macro quanto micro, amplamente utilizadas, altamente eficazes e intimamente relacionadas: poder gera saber que por sua vez gera mais poder.

Essa questão é trabalhada nos grupos, não só através da discussão das práticas de poder existentes nas relações cotidianas de cada participante, mas procurando desnudar também os poderes específicos no grupo, seja dos coordenadores, seja das gestantes ou de seus companheiros.

2.2. As relações familiares

Dentre as relações familiares, duas eram particularmente debatidas e trabalhadas nos grupos: a relação homem/mulher (origem da gestação) e a relação mãe/filho.

Com o papel de mãe perfeita, doadora, profundamente introjetado e, ao mesmo tempo, principalmente as gestantes de classe média, imbuídas do moderno questionamento desse papel e da necessidade ou desejo de realizar-se como pessoa em outros campos (traba-

---

2. Michel Foucault. *Microfísica do poder*. Rio de Janeiro, Graal, 1983.

lho, estudo, militância política), as gestantes vinham aos grupos carregadas de sentimentos contraditórios, medos, culpas, conflitos, dos quais o básico era entre ter ou não o bebê, entre a aceitação e a rejeição da gravidez.

À pergunta sobre se a gestação tinha sido planejada, era surpreendente o número de mulheres que não haviam planejado conscientemente a gravidez. Mesmo naquelas que haviam desejado e planejado a gravidez, o conflito se expressava em dúvidas tais como "Será que já estou preparada para ser mãe?". Nas que não haviam planejado a gravidez, notava-se, por um lado, desejo intenso de ser mãe e, por outro, medo de que a maternidade ocasionasse mudanças e danos na vida pessoal, profissional e na relação do casal, além do receio de não corresponder à imagem idealizada de boa mãe. Observa-se, ao mesmo tempo, um sentimento de culpa pela "rejeição" da gravidez e da maternidade, que era expresso muitas vezes pela preocupação sobre se o feto percebia os sentimentos da mãe e seria prejudicado em seu desenvolvimento emocional por esta "rejeição". A generalização do comportamento de perceber o feto como um ser que já sente e reage aos sentimentos da mãe decorre, provavelmente, em grande parte, do avanço da tecnologia que já fotografa o feto vivo no útero materno, da ultrassonografia, das técnicas de ampliação dos seus batimentos cardíacos, cada vez mais difundidas. Encontra-se esta percepção do feto como um ser que sente e reage, não apenas em gestantes de classe média, com a qual esta tecnologia médica é empregada mais freqüentemente, mas também na classe popular, onde os meios de comunicação de massa (revistas e televisão) divulgam fotos de feto chupando o dedo, bocejando etc.

Algumas gestantes de classe popular chegavam ao grupo após tentativas de aborto, mediante métodos diversos, principalmente da ingestão de chás ou coquetéis de remédios. Nesses casos, o sentimento de culpa apresentava-se exacerbado pelo medo de ter causado um dano físico, concreto, ao feto.

Essa questão era trabalhada no grupo dentro da perspectiva de que o binômio aceitação/rejeição está presente em todas as relações humanas, inclusive na relação mãe/filho, podendo os pólos desse binômio se apresentarem em proporções diferentes e variáveis ao longo dos diversos momentos da relação. O próprio fato de uma gestante ter-se dedicado a fazer uma preparação para o parto significa uma predominância do pólo de aceitação, e isto era assinalado, sem se negar o outro pólo do conflito.

É importante desnudar o conflito e, para isso, uma das técnicas utilizadas é a de pedir que as gestantes listem, num lado de uma folha de papel o que elas imaginam que a maternidade lhes dará e, no outro, o que a maternidade lhes tirará. Tal exercício pode ser feito pelo grupo em conjunto, cada uma dizendo sucessivamente um ganho e uma perda advindos da maternidade (o coordenador escreve em uma grande folha de papel pardo) ou em duas etapas: uma individual e outra coletiva. Na primeira etapa, as gestantes escrevem seus ganhos e perdas, individualmente; na segunda, misturam-se os papéis e cada uma retira aleatoriamente um papel e, lendo-o em voz alta, comenta se se identificou ou não com aqueles ganhos e perdas. Por fim, o grupo pode ou não fazer uma listagem única. Esse exercício pode ser feito especificamente em relação à gestação, examinando os ganhos e perdas desse momento particular. A primeira forma citada foi empregada com muito êxito em grupos de classe popular, onde o grau de escolaridade era diversificado, havendo gestantes que não sabiam ler.

A relação das gestantes com sua própria mãe é sempre levantada para o grupo, seja por ser espontaneamente trazida por algumas delas, seja sendo perguntada pela coordenadora. Essa relação é examinada tanto no binômio aceitação/rejeição que a gestante sente que recebe ou recebeu de sua mãe, quanto nos seus sentimentos para com sua mãe, na infância e na idade adulta. Nos grupos em que há secundíparas, examina-se a relação concreta de aceitação/rejeição do filho já existente, desmistificando-se a imagem da mãe perfeita, doadora, só aceitação.

Discutia-se a possibilidade e a normalidade de sentimentos de depressão e raiva do bebê, no pós-parto. Os resultados desses trabalhos eram uma diminuição do nível de culpa em relação à "rejeição" da gravidez e da maternidade e um aumento do nível de realidade em relação aos problemas a serem enfrentados.

Juntamente com o questionamento da relação mãe/filho, aparecia o questionamento do papel do pai neste triângulo. As gestantes de classe média traziam o questionamento sobre as desigualdades entre os sexos e sobre a estereotipia e excludência dos papéis paterno e materno. Em geral, reivindicavam a participação do pai da criança, quando companheiro ou marido, na gestação e no parto, e nos cuidados posteriores com o bebê. A participação do marido na gestação e parto traduzia-se, entre outras coisas, por sua presença nas consultas pré-natais, nos cursos de preparação e na sala de parto. As mulheres de classe popular nem chegavam a levantar a hipótese da presença do marido nessas ocasiões, pois, como já dissemos, sabiam-no impossibilitado pelos horários rígidos de trabalho, e interditado pelos organismos de atendimento da rede pública.[3]

---

3. A licença paternidade, conseguida na elaboração da nova Constituição, vigora a partir do nascimento do filho.

63

Porém, com alguma freqüência, faziam referência ao fato de contarem ao marido o que aprendiam no curso e expressavam o desejo de que ele as ajudassem em alguma medida, mesmo que mínima, nos cuidados iniciais com o bebê. Esperavam também que fosse o marido a levá-las para a maternidade, caso o trabalho de parto se iniciasse num momento em que ele estivesse presente.

Discutia-se nos grupos a visão de que as diferenças biológicas entre homens e mulheres e, entre elas, fundamentalmente, a capacidade de gestar e parir, de per si não gerariam nenhuma inferioridade ou desigualdade, psicológica ou social, sem a produção cultural sobre elas; de que a gestação, o parto e o exercício da maternidade são utilizados ideologicamente para acentuar a dominação da mulher, controlando sua participação no processo produtivo; e que o grau de participação dos cônjuges no cuidado com a criança está determinado pelas circunstâncias sociais e econômicas concretas, e pelos condicionamentos ideológicos.

Se, por um lado, as gestantes, principalmente as de classe média, vinham imbuídas dos questionamentos sobre as desigualdades entre os sexos e reivindicando a participação do pai nos cuidados com a prole, por outro lado, a ideologia que coloca o cuidado direto com o filho como responsabilidade e poder específico da mulher, mostravase fortemente introjetada.

Uma dramatização ocorrida em um grupo de classe média pode ilustrar a introjeção do papel de mãe e de mulher/esposa e a forma de trabalhar o tema. A dramatização ocorreu em um grupo realizado em 1980, no CEAMI, com seis mulheres, todas de nível de instrução superior, primigestas, casadas ou vivendo maritalmente com os pais do bebê e exercendo atividades profissionais.

Os futuros pais desse grupo não participavam por impossibilidade de horário. Quando estabelecemos o contrato grupal, combinamos que haveria de uma a três sessões, marcadas previamente, às quais os futuros pais assistiriam. Essas gestantes afirmavam sempre o desejo de partilhar o cuidado do filho com o marido, no pós-parto. Na primeira sessão com os pais presentes, o tema foi o parto, seus sinais, a rotina na maternidade. Na segunda sessão, quando ocorreu a dramatização em questão, foi "como cuidar do bebê". Propus que se dramatizasse a chegada em casa com o bebê, representado por um boneco. Um casal ofereceu-se para dramatizar:

"Chega em casa com o bebê. Como diretora da dramatização, afirmo que o bebê está chorando. A mãe decide amamentá-lo. Após fazê-lo, coloca-o ao ombro para eructar. Introduzo uma situação problema: o bebê não consegue eructar. A mãe fica preocupada, não sabe o que fazer, continua com o bebê ao colo. O pai sugere segurá-lo um pouco e talvez colocá-lo para deitar, no berço, mesmo sem ter eructado. A mãe protesta que isto não faria bem ao bebê. Afirma que o bebê deve eructar e que precisa fazer algo para ajudá-lo, mas não sabe o quê. Pensa, então, em ir até o apartamento vizinho aconselhar-se com a amiga que já teve dois filhos. O marido concorda com a idéia e solicita que ela lhe entregue o bebê enquanto vai até a vizinha. Ela diz que não é necessário, que irá até lá com o bebê. Vai até o 'apartamento vizinho', simbolizado no espaço dramático por uma das portas da sala, bate à porta. Introduzo novo problema: a vizinha não está; a mãe volta para perto do marido e este novamente sugere segurar o filho um pouco e colocá-lo no berço. Mais uma vez a gestante não o entrega para o pai e reafirma a necessidade de fazê-lo eructar. Interrompo a cena e pergunto se outro casal gostaria de vir tentar uma solução. Outro casal aceita continuar a cena. O pai do novo casal sugere, então, telefonar para o médico e perguntar o que fazer. A mãe concorda com a idéia. O pai pede para segurar o bebê enquanto a mulher telefona e ela responde que pode fazê-lo com o bebê no colo. Interrompo então a dramatização e volto ao grupo para os comentários.''

O grupo viu claramente a dificuldade de a mulher modificar seu papel tradicional de responsável pelo cuidado direto à criança e partilhar tais encargos com o marido. As demais mulheres do grupo, que não dramatizaram diretamente, perceberam que durante a dramatização estavam identificadas com a emergente grupal, nas suas atitudes. Discutimos os sentimentos de posse da mulher na relação com o bebê e os ciúmes tanto do marido quanto da mulher. Debatemos a dificuldade de mudanças não só pelos condicionamentos ideológicos arraigados, como também pelas condições sócio-econômicas. Os pais reclamaram do fato de não gozarem de licença de trabalho após o nascimento do filho, o que diminuía consideravelmente suas possibilidades de participação nos cuidados com o bebê.[4] Após os comentários, debateram-se técnicas de amamentação, banho, cuidados com o coto umbilical, troca de fraldas etc.

Em resumo, os grupos discutem a relação homem/mulher e a relação do casal com o filho, levando em conta tanto os aspectos emocionais quanto os sócio-econômico-culturais.

2.3. A relação médico/paciente

No Capítulo I, esta relação já foi analisada. Nesta seção, veremos algumas de suas peculiaridades em cada classe, e os exercícios usados para trabalhar este tema.

---

4. Este grupo foi bastante anterior à aquisição do direito de Licença Paternidade, que consta da nova Constituição.

Em geral, tanto as gestantes de classe média quanto as de classe popular apresentavam, em relação ao médico, postura passiva, de "pacientes".

As gestantes atendidas na rede privada têm, em relação às atendidas na rede pública ou conveniada com INAMPS, posição, pelo menos, aparentemente privilegiada na questão da relação com o médico: podem escolher o profissional que vai atendê-las. Essa escolha recaía, com freqüência, sobre quem já as atendia anteriormente, como ginecologista, ou sobre médicos recomendados por amigos ou familiares. Esse fato não as livrava, necessariamente, de serem submetidas a procedimentos arbitrários e autoritários como vimos nos depoimentos de Carla e Hilda (Capítulo I), nem de sentirem constrangimento em questionar o médico sobre suas condutas durante a gestação e parto. A dominação é, em geral, exercida de uma forma mais sutil e, muitas vezes, paternalista.

Já as gestantes atendidas na rede pública têm limitadas suas possibilidades de escolha. Durante o pré-natal, tanto nos próprios públicos quanto nos conveniados com o INAMPS, podem escolher, entre os pré-natalistas aquele que as atenderá. O mesmo não ocorre em relação ao parto, no qual é atendida pela equipe de plantão, com a qual pode nunca ter tido contato. Ocorre exceção a esta regra quando, nos atendimentos em clínicas conveniadas, há acordo prévio entre a gestante e o pré-natalista, para a realização de parto induzido ou cesária.[5] As gestantes de classe popular têm, principalmente, uma relação de temor face ao médico, representante de outra classe social.

Essa questão é trabalhada no grupo através de dramatizações e das técnicas "cadeira vazia" e "escultura." Na "cadeira vazia", a gestante inicia um diálogo com um médico que, supostamente, está sentado na cadeira vazia à sua frente e, em determinados momentos, é convidada pelo diretor a ocupar o papel do médico e agir como tal. Na "escultura", as gestantes formam, usando os membros do grupo como se fossem matéria-prima, esculturas representativas da relação, tanto real quanto ideal, com o médico. Podem colocar nas "esculturas" os elementos determinantes da relação. Em geral, aparecem fatores como o saber do médico, a vergonha da gestante etc. A gestante pode ocupar, sucessivamente, o lugar das diversas partes da escultura, verbalizando como se sente em cada uma delas.

O emprego dessas técnicas caracterizava a relação dominação/submissão, desvelando a passividade da gestante, mas também

---

5. Na realidade de Caxias vimos que, com freqüência, médicos de clínicas conveniadas procedem à indução do parto, na última consulta de 9º mês, sem prévio esclarecimento ou autorização da gestante.

suas possibilidades de explicitar, na relação, seus desejos, sentimentos e reivindicações. Além disso, a aquisição de conhecimentos sobre o processo de parto e sobre as possíveis condutas, próprias e do médico, instrumentalizavam-nas para discutir os procedimentos a que seriam submetidas.

2.4. A sexualidade feminina

A questão da sexualidade era levantada no grupo, em geral, a partir do tema específico da anatomia feminina interna e externa e daí em diante era trabalhada, de uma forma ou de outra, em quase todas as sessões.

Eram usadas, para levantar o universo referencial das gestantes sobre a anatomia feminina, diversas técnicas: 1. Desenho, individual ou em grupo, da anatomia sexual interna e externa; 2. Moldagem em barro, massa ou papel; 3. Representação, pelos membros do grupo, de cada órgão ou parte da anatomia. O levantamento desse universo referencial mostrava um grande desconhecimento dos fatos objetivos sobre a sexualidade e, também, um sentimento de vergonha de falar sobre o tema, sendo tanto o desconhecimento quanto a vergonha muito mais acentuados na classe popular.

Quanto à anatomia externa, era comum, na classe popular, o desconhecimento da existência do clitóris ou de sua localização em relação à vagina e à uretra, ou das duas últimas em relação uma à outra. Encontrei, inclusive, algumas mulheres que acreditavam ser a urina excretada pelo orifício vaginal. As mulheres de classe média, na sua quase totalidade, conheciam a existência do clitóris, da uretra e da vagina, mas, com uma certa freqüência, desconheciam a localização de cada um deles em relação aos outros.

Nas mulheres de ambas as classes, o desconhecimento dos órgãos internos é grande, sendo contudo maior nas mulheres de classe popular. Em ambas as classes, quase todas as mulheres sabem nomear a existência da vagina, útero, trompas, ovários, placenta, saco amniótico, cordão umbilical, desconhecendo porém, freqüentemente, sua localização, forma e funções.

As mulheres de classe média têm noções imprecisas sobre a concepção e o desenvolvimento fetal; as de classe popular, muitos mitos e tabus sobre o assunto, como, por exemplo, a crença de que se colocassem algum objeto dentro do sutiã ou no colo, durante a gestação, a criança nasceria com sinais ou malformações como lábio leporino.

O desconhecimento dos fatos sobre a concepção reflete-se nas práticas contraceptivas, especialmente nas mulheres de classe popular que, freqüentemente, adotavam medidas anticoncepcionais totalmente inócuas ou utilizavam de modo equivocado as já consagradas. Assim, era comum ouvir mulheres de classe popular relatarem que engravidaram apesar do uso de pílulas anticoncepcionais. Quando, porém, indagadas sobre seu uso, muitas relatavam que só as tomavam no dia após a ocorrência de ato sexual. Em geral, não tinham tido explicações sobre o uso por parte do médico, obtendo apenas a receita, sem nenhuma explicação.

Dados estatísticos de pesquisa realizada por Rose Marie Muraro[6] e equipe confirmam o desconhecimento dos processos de concepção: à pergunta "É culpa da mulher quando ela não tem filhos homens?", responderam afirmativamente 5,1% das operárias, 3,7% de operários e 1,6% de homens da classe média; à pergunta "Quem não tem prazer não engravida?" responderam afirmativamente 18,3% das mulheres operárias, 12,3% dos operários. A autora nota que na classe média a concordância é mínima, mas há uma abstenção de 18% e 19,4% de homens e universitários.

Quando, após exercícios de desenho ou de montagem dos órgãos, passava-se à fase dos comentários, as gestantes de ambas as classes sociais sempre se surpreendiam com a extensão de seu desconhecimento sobre o tema. Perguntava-se então como tinha sido sua educação sexual em casa ou no colégio, como tinham aprendido sobre as diferenças anatômicas e fisiológicas entre meninos e meninas, sobre a menarca, a relação sexual e a concepção. A partir daí, relatavam as histórias de vida quanto à sexualidade e, de modo geral, em ambas as classes, esse aprendizado tinha sido feito com crianças, primas, amigas, irmãs um pouco mais velhas que passavam as informações para as mais novas, sempre de modo truncado e rodeado de mistérios, segredos e recomendações de sigilo. Em alguns casos, bem mais freqüentes na classe média, a mãe fornecia explicações sobre a menarca, algumas vezes por ocasião de sua ocorrência e, mais raramente, antes. Essas explicações eram, em geral, muito genéricas e sucintas, enfatizando apenas a entrada em outra etapa de vida — "você agora ficou mocinha, isto vai lhe acontecer todos os meses" — e as responsabilidades e proibições que as mães julgavam inerentes a esta nova fase e ao papel feminino — "comportar-se como uma mocinha, não brincar mais na rua feito um moleque" etc. Na classe popular, além das normas de "bom comportamento", são transmitidas algumas prescrições a serem seguidas durante o período menstrual: não comer frutas ácidas, não tomar banho de cachoeira para

---

6. Rose Marie Muraro. *Sexualidade da Mulher Brasileira. Corpo e Classe Social no Brasil.* Petrópolis, Vozes, 1983. p.

o sangue menstrual não subir para a cabeça e não haver derrame cerebral. Assim, a menarca é vivida de modo conflitante: por um lado, com regozijo pela aquisição do *status* de "moça"; de outro, com medo e depressão face às proibições e ao mistério com que é cercado o fato. As mulheres de ambas as classes, de forma geral, relatavam ter aprendido primeiramente sobre a existência da relação sexual, que era vista como "coisa feia, saliência", e só depois associavam o ato sexual à reprodução, chocando-se com o fato de que, para que nascessem, os pais tivessem tido que "fazer coisa feia". A nível das representações mais primitivas, a gravidez não era ligada à sexualidade genital, mas atribuída, algumas vezes, a uma sexualidade mais difusa como os beijos entre os pais ou o simples fato de dormirem na mesma cama e, em alguns casos, a causas mais dessexualizadas, tais como ingestão de alimentos etc. Porém, em geral, entre oito e doze anos, essa representação era confrontada com a de um evento, fruto da prática de "coisas feias", gerando assim conflito. Essa representação da gravidez, como fruto de "coisas feias", certamente, sendo muito chocante, é negada a nível consciente, contribuindo para o mito da dessexualização da gravidez.

    A vivência da sexualidade durante a gravidez varia muito de mulher para mulher, em ambas as classes sociais, podendo o padrão de conduta anterior à gravidez manter-se ou modificar-se. Algumas mulheres relatavam um aumento do desejo sexual e da freqüência e satisfação nas relações, especialmente aquelas que tinham tido medo de engravidar e que, já sendo a gravidez um fato consumado, chegaram a um bom nível de aceitação da mesma. Outras passavam a rejeitar as relações sexuais por motivos diversos, dos quais os principais eram certamente a dessexualização da gravidez provocada pela internalização das representações infantis e culturais conflitantes e o medo de dano ao feto, que era expresso principalmente por mulheres de classe popular, e provinha, em grande parte, da desinformação sobre a própria anatomia. Muitas mulheres relatavam que o marido evitava a relação sexual freqüentemente, com a alegação de medo de dano ao feto. É possível que os homens façam uma identificação inconsciente da esposa, que virá a ser mãe, com sua própria mãe, passando a viver a relação como incestuosa e, portanto, tabu.

    Rose Marie Muraro, em sua pesquisa já citada, constata que quanto à pergunta "na gravidez não se deve ter relações sexuais?", 24,5% das operárias e 32,5% dos operários responderam afirmativamente, assim como 19,5% das mulheres de classe média e 25% das universitárias e 8% dos universitários. A autora levanta duas hipóteses explicativas que coincidem com o que verificamos na nossa prática: "em primeiro lugar, que as mulheres possam ter medo das relações sexuais durante este período, em segundo lugar, que isto seja uma espécie de moralismo em relação à gravidez. É interessante como as percentagens são semelhantes para as mulheres de todas as classes no meio urbano".[7] As mulheres, principalmente de classe popular, que evitavam relações sexuais por medo de dano ao feto devido apenas à falta de informação ou informações fantasiosas, suas ou do marido, relatavam a volta às relações sexuais quando adquiriam e transmitiam aos maridos conhecimentos corretos sobre a anatomia e a proteção que representa para o feto o colo do útero e o saco amniótico.

O parto, conseqüência e ponto culminante da gestação, partilha com esta das representações conflitantes: dessexualização x sexualidade reprovável. É, também, principalmente para as mulheres de classe popular, fonte de vergonha devido à exposição da intimidade, que faz parte do atendimento de massa: o parto é feito em geral por um médico de plantão que a parturiente pode estar vendo pela primeira vez. Ela pode ser, e freqüentemente é, examinada por diversos médicos e acadêmicos; fica, durante o trabalho de parto, com uma bata que lhe cobre apenas o ventre, em enfermaria partilhada por outras mulheres e nas quais circulam enfermeiros de ambos os sexos.

O simples fato de falar sobre a sexualidade e partilhar sua fala com a de outras mulheres, tem um efeito catártico, no sentido moreniano do termo, isto é, de aquisição de novas percepções e condutas sobre o tema.

Relato uma dramatização na qual a sexualidade foi trabalhada em suas representações mais infantis: ocorreu no início de 1980, num grupo do qual participavam casais, num momento grupal no qual todos os temas específicos já haviam sido trabalhados e estávamos fazendo uma avaliação das necessidades do grupo. Perguntei como se sentiam em relação ao parto, se preparadas para vivê-lo e o que julgavam necessário trabalhar ainda; havia no grupo uma gestante que tinha, desde a infância, claustrofobia acentuada. Chamarei esta gestante de Berenice. Era casada, nível universitário e não trabalhava no momento. Relatara, no grupo, sonhos nos quais o feto transformava-se em um rato. Berenice não andava de elevador, não atravessava túneis, não ficava em ambientes fechados, só permanecia no grupo com a condição de a janela da sala manter-se aberta. Subia para a sala, que se situava no quinto andar, pelas escadas; Berenice informara que se sentia razoavelmente preparada para viver o

---

7. Rose Marie Muraro. *Op.cit.* p. 311.

parto, temendo ainda, contudo, a sala de parto, por ser fechada. Perguntamos se desejaria trabalhar dramaticamente sua fobia. Berenice aceita:

"Sugiro que escolha alguém no grupo para representar sua fobia. Berenice escolhe outra gestante. Sugiro, como aquecimento, que ela caminhe pelo espaço dramático com sua fobia. Berenice coloca a outra gestante, sua fobia, caminhando atrás de si, como uma sombra e depois de algum tempo coloca-se em frente à fobia e começa a conversar com ela. Berenice para a fobia: 'Por que me acompanha sempre? Por que não vai embora?'. A fobia responde: 'Não posso. Você sabe que tenho que ficar sempre perto de você'. Berenice responde: 'Sei, mas não gosto, queria que você fosse embora'. Peço-lhe para assumir o papel de fobia. Ela assume o papel de fobia e indago-lhe: 'Desde quando você tem que ficar junto a Berenice?', Berenice (como fobia) responde: 'Há muito tempo'. Pergunto há quanto tempo, e ela, no papel de fobia, responde: 'Desde que Berenice era criança' e permanece muda, com olhar vago. De repente, sai do papel de fobia e diz: 'Estou tendo uma sensação esquisita, me lembrando de uma noite em que era criança'. Pergunto-lhe se quer dramatizar esta noite. Aceita. Pergunto-lhe quantos anos tinha. Diz que entre seis e sete anos. Monta a cena: é noite, ela e o irmão (representado por um membro do grupo), aproximadamente dois anos mais novo, dormem em um sofá, em uma sala próxima ao quarto dos pais. Berenice começa a caminhar, descrevendo o que se passa; está se levantando para ir ao banheiro e passando pelo quarto dos pais, cuja porta está entreaberta, os vê nus, tendo relação sexual; fica escondida, observando-os. Peço-lhe que faça um solilóquio, isto é, diga em voz alta o que está pensando. Berenice fala: 'Papai e mamãe estão fazendo 'coisa feia', 'saliência' e eu também estou fazendo 'coisa feia' porque estou olhando. Tenho que olhar escondida, se mamãe descobrir que estou olhando vai me castigar'. Depois de observar os pais por certo tempo, vai ao banheiro e volta a deitar-se na sala, sentindo-se muito culpada. Peço-lhe novo solilóquio e Berenice conta que uma vez a mãe a surpreendeu em brincadeiras sexuais com o irmão e brigara, ameaçando-a de deixá-la trancada no quarto, se aquilo se repetisse. Por isto, enquanto observava os pais, tinha sentido muita raiva da mãe estar fazendo o que proibira a ela. Pergunto-lhe se gostaria de conversar com os pais a respeito disso tudo. Aceita e escolhe duas pessoas para representarem o pai e a mãe. Senta-se em frente a eles e dirige-se primeiro à mãe: 'Mãe, por que você brigou comigo e me ameaçou quando eu estava fazendo saliência com meu irmão, quando você fazia sexo com papai e eu, na verdade, só estava brincando com meu irmão, por curiosidade de ver como ele era? Por que depois, quando cresci, você nunca me explicou nada sobre sexo? Por que me deixou sempre achar que sexo era uma coisa ruim, feia? Você não achava bom fazer sexo com papai?'. Solicito-lhe que assuma o papel de mãe e Berenice como mãe, responde: 'Filha, eu achava bom fazer sexo com seu pai, não achava que era feio, mas pensava que sexo não era coisa para criança e sim para adultos casados, como seu pai e eu. Mas também fui educada sem conversar nada disso com meus pais e por isso não sabia como falar com você, por isso nunca pude lhe orientar'. Indago se Berenice gostaria de falar com o pai; responde que não era necessário, pois o diálogo seria o mesmo. Sugiro-lhe, então, que se despeça dos pais e Berenice abraça-os muito emocionada."

Na fase dos comentários, quase todos no grupo relatam vivências sexuais infantis semelhantes e Berenice disse estar entendendo sempre ter esperado ser castigada por presenciar o ato sexual dos pais, sendo o castigo ligado a ficar presa em algum recinto fechado, devendo provir daí sua fobia. A sessão encerrou-se por já estar ultrapassando o horário. Na sessão seguinte, Berenice relatou fatos de sua vida sexual que ainda não tinha conseguido trazer para o grupo como, por exemplo, a dificuldade de consumar a relação sexual com o marido na lua-de-mel. Contou, também, que naquela semana andara de elevador e, de carro, atravessara túneis sem angústia, coisa que anteriormente não conseguia. Berenice entrou em trabalho de parto, reconheceu seus sinais, procurou o atendimento médico calmamente. Suas contrações foram muito fracas e o trabalho de parto prolongou-se, entrando o feto em sofrimento e fazendo-se necessária uma cesariana, que Berenice viveu com muita tranquilidade.

3. OS TEMAS ESPECÍFICOS

Nesta seção veremos, de modo sucinto, os temas específicos e algumas técnicas empregadas para trabalhá-los.

3.1 Levantamento das expectativas do grupo e estabelecimento do contrato de trabalho

Conteúdo: O conteúdo das expectativas do grupo já foi citado no início deste capítulo. O contrato grupal, trabalhado apenas a nível verbal, inclui compromisso de sigilo e de só faltarem em caso de necessidade, avisando previamente sempre que possível. Pede-se também pontualidade. Combinamos que haverá, no final de cada sessão, um espaço para avaliação, e solicito que as críticas sejam sempre feitas no grupo e não fora dele; que se uma gestante decidir abandonar o grupo, exponha antes seus motivos. Explicito as características terapêuticas e pedagógicas do trabalho e o emprego de jogos dramáticos e dramatizações. Solicito também que as gestantes voltem ao grupo depois do parto para relatarem sua experiência e, se possível, o façam também por escrito. Por vezes, combinamos que o grupo visitaria a gestante em casa, para ouvir seu relato. Essas regras, em geral, são bem aceitas. Algumas mulheres expressam preocupação em participar dos jogos dramáticos, acreditando que terão dificuldades em fazê-lo. Esclareço que a participação nos exercícios não é obrigatória. Com o desenrolar do processo esta dificuldade é superada.

Técnicas empregadas: As técnicas utilizadas para levantar as expectativas das gestantes são também sempre destinadas a promover o entrosamento grupal, tanto no grupo fechado quanto no aberto, no qual, à entrada de cada gestante, são levantadas as suas expectativas e refeito o contrato grupal. São utilizadas principalmente:

a) berlinda — cada participante fica em lugar de destaque e os outros formulam-lhe perguntas;
b) assumir ser alguém do seu círculo de relações e, no papel dessa pessoa, apresentar a gestante ao grupo falando inclusive do porquê acha que a gestante está ali;
c) cochicho — formam-se duplas, por livre escolha, indo cada dupla para um canto da sala "cochichar" sobre quem são e por que estão ali; depois, cada membro da dupla apresenta o outro ao grupo. Só é utilizada, em geral, no início de grupos fechados;
d) eco dos nomes — o grupo forma um círculo em pé, de mãos dadas e, sucessivamente, cada participante vai ao centro do círculo e diz, em voz alta, todos os nomes e apelidos pelos quais já foi chamado, ao longo da vida. O grupo repete, em coro, como um eco, cada nome. Após a última pessoa, sentam-se para os comentários e nesta etapa, em geral, além de serem comentados os fatos da história de vida de cada um, suscitados pela evocação dos nomes e apelidos, comentam-se também as razões de estarem ali.

3.2. Sensações no parto e noções gerais sobre suas etapas

Conteúdo: No levantamento do universo referencial das primigestas, tanto de classe média quanto de classe popular, sobre as sensações presentes no parto, as mais citadas eram dor e cólica. Quando se averiguava a representação dessa dor ou cólica, muitas mulheres apresentavam noções confusas, acreditando que doía por terem ouvido dizer, mas não sabiam em que momento nem o porquê. Algumas achavam que a dor é sempre no momento da expulsão, e causada pela "dilatação" do "osso da bacia" ou da vagina.

Já gestantes de segunda gestação ou mais, na sua quase totalidade, em ambas as classes, relatavam dor principalmente no período de dilatação do colo do útero, durante as contrações, sendo a sua descrição variada: dor repuxando nas costas na altura dos rins, cólica em todo o ventre ou apenas no baixo-ventre. As mulheres submetidas à manobra de Kristeler[8] relatavam dor no período expulsivo, durante a manobra. As que não tinham sido submetidas a esse procedimento, raramente referiam dor durante a expulsão, mesmo não tomando outra anestesia se não a local, para a episiotomia.[9] Algumas relatavam dor durante a sutura da episiotomia, especialmente se o efeito da anestesia local havia terminado antes de concluída a sutura e tinha havido necessidade de nova dose de anestésico. Também referiam dores mais intensas as gestantes submetidas à aceleração, à indução e à rotura precoce do saco amniótico, práticas médicas muitas vezes utilizadas sem justificativas, tanto na rede pública conveniada como na particular, para abreviar o tempo de trabalho ou determinar seu dia e hora.[10]

Qualquer dor é, conforme afirma Rof Carballo, "uma reação e uma percepção, sendo ao mesmo tempo uma forma de expressão altamente individualizada e que varia de pessoa a pessoa: é também uma manifestação emocional que depende da experiência e da história passada da pessoa".[11] Sejam quais forem as origens da dor, em geral, e da dor no parto, em particular, todos os autores concordam em que a tensão provocada por fatores emocionais contribui para causar ou intensificar a dor.

Assim, para lidar com a questão da dor, no sentido de eliminá-la ou diminuí-la, abordo, no grupo, os seguintes aspectos:

Conhecimento do processo — discutimos o processo de parto, especialmente as sensações ligadas às contrações uterinas e à expulsão, salientando que as mesmas, por mais intensas que sejam, não têm que ser necessariamente dolorosas. Discutimos as condutas (médica, de enfermagem e da própria gestante) passíveis de causar ou intensificar dores, para que a mulher possa discuti-las com a equipe e evitá-las. Debatemos também os diversos tipos de anestesia, suas

---

8. Pressão, por alguém da equipe médica, no ventre, acima do útero, com a finalidade de auxiliar a expulsão do feto.
9. Corte feito no períneo para facilitar a passagem do feto e evitar roturas.
10. Mais grave do que o causar ou intensificar dores, é o fato de a indução e aceleração, usadas como rotina sem as devidas indicações e cuidados, poderem redundar em necessidade de um parto cesáreo e até em morte materna e fetal. Essa prática, largamente difundida no estado do Rio, pode ser um dos fatores responsáveis pelo alto índice de mortalidade peri-natal e materna constatado no censo de 1980. No último capítulo, veremos dois depoimentos (Celina e Ângela) sobre tentativa de indução, por rotina médica e a contraposição das gestantes preparadas.
11. Apud. Maria Tereza P. Maldonado. *Psicologia da Gravidez. Op. cit.*, p. 82.

vantagens e desvantagens, para que a parturiense possa, se o desejar, fazer uso consciente desse recurso;
  Emocional — trabalham-se os problemas trazidos pela gestante no sentido de que, por ocasião do parto, seus níveis de ansiedade e tensão estejam mais baixos, proporcionando assim melhores condições face à possibilidade de sensações dolorosas;
  Cultural — discutimos o mito da "mãe-santa/sofredora";
  Corporal — são transmitidas técnicas de relaxamento e posturas que propiciem um relaxamento muscular. Ensina-se a gestante a observar seu ritmo respiratório e a manter uma respiração que proveja de oxigênio, a si própria e ao feto, durante o trabalho de parto.
  Técnicas Empregadas: Para levantamento do universo referencial das gestantes sobre parto usam-se diversas técnicas como, por exemplo, pedir que escrevam as três primeiras palavras que lhes ocorrem ao verem a palavra parto escrita num cartão. Misturam-se os papéis e cada um pega um deles, lê em voz alta e diz o que sente sobre o que está lendo. Às vezes, formamos imagens corporais dos conteúdos que mais apareceram. Nos grupos de classe popular, quando há gestantes que não sabem escrever, é dita a palavra parto e cada gestante fala uma ou mais palavras que são anotadas em uma cartolina ou quadro-negro;
  Para trabalhar as sensações de contração usam-se também diversas técnicas, entre as quais: fazer um círculo, de mãos dadas, e cada uma apertar a mão da outra na intensidade que julga ser uma contração.

3.3. Anatomia e fisiologia femininas

Tanto o conteúdo quanto as técnicas empregadas já foram descritos na seção referente à sexualidade.

3.4. Gravidez — alterações físicas, emocionais e sociais

Conteúdo: Alterações físicas — o medo às alterações físicas como cloasmas,[12] estrias, varizes durante a gravidez e a sua permanência após o parto era trazido mais freqüentemente por mulheres de classe média do que pelas de classe popular. Já a possibilidade de alteração da anatomia sexual (vagina e seios), da forma do ventre e o aumento de peso preocupavam quase que igualmente ambas as classes, havendo sempre mais preocupação com a estética por parte das mulheres de classe média. Trabalho esta questão no sentido de discutir

---

12. Manchas na pele.

a imposição de padrões estéticos a que a mulher está sujeita, e a forma como cada uma lida com isso. Discutimos também quais as alterações que são evitáveis ou corrigíveis, e como fazê-lo. Quanto às alterações da fisiologia, havia relato de aumento do sono e da função urinária nos primeiros e últimos meses de gravidez. O funcionamento intestinal variava, mais comumente aparecendo prisão de ventre. Enjôos e vômitos não eram relatados com grande freqüência e, quando ocorriam, em geral, era apenas nos primeiros meses. Não era notada diferença entre as classes quanto aos itens acima. Já em relação às alterações de apetite notava-se maior freqüência de desejo de comer determinados alimentos nas mulheres de classe popular, bem como a crença de que se o desejo não fosse satisfeito haveria dano para o bebê. Houve, inclusive, um relato de mulher de classe popular sobre seu desejo de comer barro, tendo chegado a partir pedaços da tampa de uma moringa e comê-los. Talvez esse aumento de desejo por determinados alimentos, nas gestantes de classe popular, possa ser explicado pela carência alimentar que leva o organismo a desejar aquilo de que carece. Essas alterações fisiológicas são trabalhadas no sentido de esclarecer seus componentes físicos e os componentes emocionais passíveis de agravá-las;

Alterações emocionais — variavam muito de mulher para mulher, em ambas as classes, dependendo do grau em que a gravidez tinha sido planejada ou desejada, e em que estava sendo aceita, bem como das circunstâncias sob as quais estava sendo vivida. São sentimentos comuns: orgulho por estar gestando uma nova vida, sensação agradável de estar sempre acompanhada, responsabilidade que pode ser percebida positivamente, como crescimento, mas também negativamente, como aprisionamento, solidão, medo, e um aumento da susceptibilidade emocional. Trabalham-se esses sentimentos no sentido de mostrar que é normal a sua ocorrência, inclusive de forma contraditória e simultânea;

Alterações sociais — já vimos que a sociedade valoriza ideologicamente a gravidez ao mesmo tempo que a dessexualiza, representando a mulher grávida como santa, cercando-a, então, de homenagens e cuidados, tais como evitar-lhe emoções fortes, preocupações. Tal comportamento foi relatado com mais freqüência pelas mulheres de classe média. Era percebido, às vezes, de forma positiva e, por outras, de forma negativa, como uma discriminação, uma fragilização.

Técnicas Empregadas: Entre as técnicas empregadas, a mais comum é pedir à gestante que simbolize, com a utilização de pessoas presentes e/ou almofadas, todos os elementos novos de seu mundo, interno e externo, aparecidos com a gravidez. Em geral, do mundo externo surgiam o marido, os familiares, o médico, o curso de preparação para o parto. Do mundo interno: o feto, as transformações somáticas e emocionais. A gestante dialoga com esses elementos, efetuando trocas de papel. Também usava-se a técnica de cada gestante listar, em um pedaço de papel, três ganhos e três perdas que a gestação lhe traz, embaralhar as listas e cada uma ler um dos papéis dizendo o que sente a respeito daqueles ganhos e perdas. Se havia gestantes que não sabiam escrever, cada uma dizia três ganhos e três perdas que eram anotados no quadro.

3.5. Desenvolvimento fetal

Conteúdo: As gestantes, de ambas as classes, apresentavam ansiedade em relação à normalidade do feto e seu desenvolvimento, especialmente as fumantes e aquelas que tiveram abortos anteriores, provocados ou espontâneos, ou aquelas, em geral de classe popular, que no início da gestação em curso tinham ingerido drogas ou chás em tentativas de abortamento. Quanto aos conhecimentos objetivos, a maioria das mulheres de classe média conhecia regularmente os fatos sobre a concepção, não possuindo, contudo, conhecimentos detalhados do desenvolvimento posterior. Já as de classe popular, na sua maioria, desconheciam igualmente os fatos sobre a concepção e seu desenvolvimento, o que gerava mitos e tabus já mencionados na seção sobre a sexualidade.

Técnicas empregadas: Jogos dramáticos sobre a concepção, com os membros do grupo representando o encontro do óvulo com o espermatozóide para trabalhar a concepção; "viagem ao interior do útero", técnica de psicodrama interno na qual as gestantes, relaxadas e de olhos fechados, se imaginavam entrando no interior do útero, vendo o feto e relacionando-se com ele. Após a "viagem" cada uma faz seu relato ao grupo.

3.6. Parto: tipos, sinais, fases, condutas

Conteúdo: Em ambas as classes, o conteúdo mais trazido pelas primigestas é o desconhecimento do parto e o medo frente a este desconhecido, bem como o medo da dor e de não saberem quando "está na hora" de ir para a maternidade, isto é, de não reconhecerem os sinais de parto. O medo da morte, própria ou do feto, durante o parto, era pouco trazido de forma expressa e direta por mulheres de classe média, porém era freqüente na classe popular. As gestantes de classe média traziam o desejo de discutir os tipos de parto, cesariana ou normal e, nos últimos anos, o parto de cócoras e as diversas possibilidades de anestesia.

Essas possibilidades, enquanto alternativas de escolha, não eram trazidas pelas gestantes de classe popular, talvez por saberem que no atendimento público de massa dificilmente podem ter opções.

Técnicas empregadas: Dramatizações dos diversos tipos de partos, com trocas de papéis. Jogos dramáticos nos quais a coordenação entrega a uma gestante ou a todo o grupo uma série de cartões contendo, cada um, um acontecimento possível no parto, misturados, sem ordem seqüencial. Uma gestante, ou todo o grupo, deve arrumá-los no chão, em uma seqüência que julgue provável ocorrer e depois, colocando-se ao lado de cada cartão, fantasiar em voz alta o que está se dando consigo durante aquele acontecimento assinalado.

3.7. Pós-parto

Conteúdo: Tanto as gestantes de classe média quanto as de classe popular traziam o receio de não saberem decodificar o choro do bebê e não poderem atendê-lo adequadamente. As primigestas de classe média, na sua maioria, nunca haviam cuidado de um bebê e desejavam aprender a fazê-lo, pois não queriam partilhar essa tarefa com os membros das famílias de origem — mãe e sogra — e sim com o marido, que sabiam ser tão ignorante da tarefa quanto elas próprias. Já as de classe popular, mesmo as primigestas, em geral, já tinham alguma experiência de lidar com bebês: irmãos mais novos ou sobrinhos que haviam ficado sob seus cuidados para as mães trabalharem fora. Raramente tinham expectativa de partilhar com o marido tais tarefas, mas esperavam esta ajuda da própria mãe, sogra, irmãs, comadres e vizinhas. Em geral, os primeiros banhos e os cuidados com o coto umbilical, até a sua queda, eram assumidos por uma mulher experiente de sua rede de parentesco ou da comunidade.

Mulheres de ambas as classes preocupavam-se com sua capacidade para amamentar e também com a volta às relações sexuais, e o conseqüente problema das medidas anticoncepcionais a utilizar.

Técnicas empregadas: Dramatização e jogo de listar ganhos e perdas no pós-parto (já descrita na parte relativa à gestação).

Em relação a todos os temas, na fase dos comentários ou durante a realização de alguns exercícios, além de serem trabalhados o conteúdo emocional e social das vivências, eram fornecidas informações objetivas sobre os fatos.

Capítulo IV

RECRIANDO A REALIDADE: OS RESULTADOS DO TRABALHO

O emprego do psicodrama no grupo de gestantes, desvelando a ideologia dominante que forma os papéis femininos, especialmente o materno, propiciando a catarse de integração e a incorporação de conhecimentos sobre os processos de gestação e parto, desenvolve a espontaneidade e a criatividade, tendo como resultados:

1. A CONTESTAÇÃO DA CONSERVA CULTURAL "PARIRÁS COM DOR"

O parto é vivido de uma forma mais espontânea e criativa dentro das possibilidades de cada uma, e não como sofrimento físico, emocional e moral. Mesmo quando a dor física está presente, tem outra conotação para a mulher assim preparada: não lhe aparece como algo inevitável, maior que ela própria, anátema de sua condição feminina, castigo pela vivência de sua sexualidade. Ao contrário, mostra-se como uma realidade à qual ela está atenta e com a qual sente-se capaz de lidar, podendo buscar alívio, seja com seus próprios recursos de relaxamento, postura, movimento, respiração, seja solicitando anestesia. Os depoimentos a seguir ilustram esse resultado. O primeiro é um relato de parto feito na rede privada, de cliente de grupo do CEAMI e redigido de próprio punho. Mantive a redação integral, por julgar importante notar o nível de percepção de detalhes da situação, a identificação de sensações, sentimentos e emoções, a capacidade de ação apresentada pela parturiente, pois demonstram o grau em que estava "senhora de si" no processo.

Os dois últimos depoimentos são de mulheres que freqüentaram o grupo de Saracuruna e fizeram parto em clínicas conveniadas com o INAMPS. Foram feitos verbalmente, no pós-parto, ao grupo de gestante e anotados por uma das coordenadoras, no seu decorrer. Do mesmo modo que a primeira, essas mulheres demonstram consciência e domínio do processo, a nível das sensações, emoções e ações.

Parto de Elvira, nível superior, 1º filho
"Aqui vai o relatório do nascimento de Maria, conforme você me pediu. Esta sua 'aluna' soube se portar muito bem e apesar de todos os 'grilos' da gestação, tive um parto maravilhoso, com um tempo recorde para primípara, de cinco horas. Você tinha razão. A dor está muito mais no nosso condicionamento do que nas contrações e eu soube enfrentá-las bem. Sábado, às 6:00 horas da manhã, acordei com uma forte cólica e com vontade de ir ao banheiro. Foi quando vi que havia saído uma mancha de sangue. Fiquei apavorada, com medo que aquilo fosse algo errado e acordei meu marido. Começamos a marcar o ritmo das contrações: estavam de cinco em cinco minutos e com uma intensidade tão forte que eu senti logo necessidade de relaxar e respirar, o que me aliviou bastante. Eu não estava certa de que fosse trabalho de parto por causa de um alarme falso que havia acontecido 2 (duas) semanas antes, quando senti contrações em cada sete minutos durante três horas, e depois parou. Só que agora havia o sangue. Liguei para o Dr. Eduardo, que estava com o telefone enguiçado. Liguei para o seu assistente o Dr. Hilton, que mandou que eu colocasse um supositório de Espasmo Cibalena e tornasse a ligar depois de 1/2 hora. Eram 7:30 horas quando ele mandou que eu fosse à Casa de Saúde onde seria examinada; mas eu ainda não acreditava que havia chegado a hora. Tomei um banho, arrumei uma mala, tudo lentamente, pois cada vez que vinha uma contração eu precisava parar onde estava, relaxar e respirar. Tentei tomar uma xícara de leite e um sanduíche, mas não consegui, pois estava muito enjoada. Cheguei na Casa de Saúde quase às 9:30 horas, ainda sem querer acreditar (tanto que deixei a mala no carro). O Dr. Hilton e o Dr. Eduardo já me esperavam e fui para a sala de exames fazer o toque: estava com 6 cm de dilatação e pelo ritmo das contrações o Dr. Eduardo disse que ao meio-dia eu já estaria de volta ao meu quarto. Fui então fazer a raspagem, a lavagem, troquei a roupa e fui para o meu quarto, onde o Dr. Eduardo rompeu a bolsa d'água. As contrações continuavam muito fortes e dolorosas. Foi-me sugerida a peridural e eu gostei da idéia. Fui para a sala de parto com 8 cm de dilatação. Meu marido me acompanhou até a porta e lá nos despedimos. Eu queria que ele estivesse ao meu lado mas achei melhor não pedir, porque pensei que ele fosse ficar impressionado. Mas, para minha surpresa, quando já estava lá dentro da sala, o Dr. Eduardo me falou que o Marcos lhe havia pedido para entrar e ele havia conseguido a autorização. Fiquei felicíssima, pois foi muito importante para nós dois a sua presença lá compartilhando do nascimento de nossa filha. Tomei a peridural, que não fez efeito. O anestesista aumentou a dose e só pegou do lado direito; portanto continuei a sentir uma dor forte e aguda do lado

esquerdo durante as contrações e tive que continuar fazendo a respiração para aliviar. Dez centímetros de dilatação, o meu bebê ia nascer. O Dr. Eduardo mandou que na próxima contração eu fizesse força. Fiz a primeira, ainda sem jeito. O anestesista empurrava minha barriga com o braço, direcionando o neném. Repeti umas 4 (quatro) vezes e, na penúltima, o Dr. Eduardo disse que o neném tinha cabelos escuros. A ansiedade cresceu. Mais uma força e senti minha filha deslizando para fora de mim. Limparam-lhe o rostinho e ela chorou sendo logo colocada sobre mim, enquanto lhe cortavam o cordão umbilical. Foi um momento de enorme emoção para mim e para o Marcos. Eu não estava cansada. Estava imensamente feliz de ver que tudo havia saído tão maravilhosamente bem. Depois recebi uma massagem na barriga, que me deu uma cólica e saiu a placenta. Enquanto eu levava os pontos, ficamos olhando nossa filha sendo examinada pelo pediatra e conversando. Ela estava ótima, mesmo tendo nascido onze dias antes da data prevista: 49,5 cm, 3.270 gramas e muito linda. Eram 11:04 horas quando Maria nasceu. Foi tudo muito rápido, mas eu soube curtir cada momento de sua chegada com uma enorme alegria."

Parto de Violeta, instrução primária completa (8ª série), 1º filho

"Terça-feira tive umas cólicas mas achei que estava só dilatando um pouco, porque não estava numa lua boa para ter neném. Passei a noite toda com cólicas, mas fiquei em casa. Na quarta-feira de manhã pintei o berço do neném. Na quinta-feira de noite sentia contração fraca, a barriga não ficava muito dura. O meu marido queria que eu fosse para a maternidade desde cedo, mas eu dizia que não era preciso. Lá pelas três da madrugada eu dizia para o meu marido: 'Tá dando contração'. Ele foi deixar de sobreaviso um colega que tinha carro. Às cinco horas ele foi dizer para o cara que não ia ser naquela hora e saber a que horas ele ia pro trabalho e dizer que a gente ia com ele. Às oito horas, quando o colega foi para o trabalho, nós fomos com ele até a Casa de Saúde. Lá me perguntaram se eu estava com dilatação. Eu disse que não sabia. O médico me deu um toque e disse que estava com dois centímetros de dilatação e disse para eu ir para outro hospital, pois o convênio com o INAMPS tinha sido fechado. Resolvi ir pra uma maternidade de Gramacho,[1] que tem convênio com o INAMPS. Fui tomar o ônibus. Estava com vergonha das pessoas estarem vendo que eu ia ter neném. No começo da gravidez, quando a barriga começou a aparecer, eu tinha vergonha de sair na rua porque o povo ia ver que eu tinha feito 'as coisas'. O motorista do ônibus foi direto, não parou em lugar nenhum. Saltei do ônibus e fui andando e quando cheguei lá o cartão do INPS estava sem validade. A médica deu um toque e estava com três centímetros de dilatação. Meu marido foi revalidar o cartão e pegar a

---

1. Bairro vizinho.

carteira. Fiz lavagem e não doeu, mas não gostei. Fui ao banheiro, fiz muito cocô e voltei. Antes da lavagem, me rasparam. A médica perguntou as doenças que eu já tive. Tava saindo uma agüinha e fui de modess. A médica mandou ficar de calcinha mas eu não fiquei porque cada vez que ela vinha me examinar eu tinha que tirar a calcinha. Tinha outra mulher perto de mim e também era primeiro filho. Ela tinha dor e se contorcia. Eu relaxava, doía, mas não era muito. A outra ficava amarela de dor e eu não. Até ensinava ela a relaxar, mas ela não atendia. Quando fiz a lavagem era mais ou menos onze e meia. Às duas e meia ela veio fazer toque, tava com quatro centímetros. Às três e meia era visita e o meu marido foi até lá e eu fui até o corredor falar com ele. Às quatro horas a doutora veio, deu outro toque e estava com quatro centímetros. Às seis horas veio de novo e estava com cinco centímetros. Dormi, vinha contração, mas eu não estava mais marcando. A doutora falou para não me dar nada para comer, mas a enfermeira me deu mate com torrada. Às 8:30 horas da noite estava com seis centímetros. Até meia-noite eu estava com seis centímetros. Depois de meia-noite a contração vinha forte, de cinco em cinco minutos. Aí eu não consegui relaxar direito. A doutora mandou eu fazer força e eu fiz, apesar de saber que não era ainda hora de fazer. Meia-noite e pouco, vomitei o chá com torrada. À meia-noite e vinte estava com sete centímetros. Aí a doutora rompeu a bolsa. Saiu uma água com uns gominhos brancos. Me levou pra sala de pré-parto. A doutora botou o soro e disse que era oxigênio para o bebê. O soro saiu da veia e inchou a minha mão. Às duas e pouco eu já estava com nove centímetros. Aí fiquei calma, porque sabia que só faltava um centímetro. Aí relaxei. Dali a pouco, a doutora deu outro toque e disse: 'Vamos'. Fui andando, deitei na cama, estava calma. Fiz uma força mas na primeira não saiu. O neném subiu. Na segunda fiz força e saiu. Não senti dor. A doutora disse: 'É um menino'. Eu disse: 'Menino?'. A doutora disse: 'É. Por quê? Você não quer?'. Eu disse: 'Quero que tenha saúde'. Ela botou o neném em cima de mim e eu fiquei toda boba. Depois foram botar uns tubos no nariz dele. Olhei bem para não trocarem meu bebê. Fizeram massagem do lado da minha barriga e saiu a placenta. A doutora botou a mão dentro de mim. Parecia que estava mexendo no ânus. Fez a sutura. Deu três anestesias porque eu pedi que desse porque estava doendo, durante a sutura.''

Parto de Nilza, instrução primária completa (8ª série), 1º filho
    ''Às duas horas da tarde comi um ovo e fiquei me sentindo mal do estômago e com cólica de dor de barriga. Ao mesmo tempo comecei a sentir contração, mais ou menos de 10 em 10 minutos, mas fiquei sem querer acreditar que fosse trabalho de parto. Achei que era por causa do ovo. Lá pelas sete da noite as contrações já estavam de cinco em cinco minutos. Foi quando meu marido chegou, e quando ouviu o que eu

contei, me aconselhava ir para a maternidade. Ele achava que era trabalho de parto. Fui tomar banho e me aprontar, achando que era trabalho de parto por causa do tempo certo das contrações, mas achando também que podia ser do ovo. Às oito horas fui na garupa da bicicleta do meu marido para a Casa de Saúde. Quando cheguei lá falei pra médica de plantão que eu tava passando mal por causa do ovo. A médica fez um toque e falou que eu tava com três centímetros de dilatação e fiquei internada. Fiz raspagem e lavagem e fiquei sozinha na enfermaria. Fiquei calma, experimentando em que posição eu me sentia melhor e relaxando. Sentia aliviada de pé, com uma das pernas levantadas, como um cachorrinho fazendo xixi. Fiquei assim até começar a sentir vontade de fazer força. Esperei um pouco para ter certeza e comecei a gritar pela enfermeira. Eram mais ou menos três horas da madrugada. A enfermeira veio fazer toque e disse que a dilatação estava total. Fui para a sala de parto e fiz algumas forças soprando. A médica perguntou se eu sabia o que estava fazendo. Eu disse que sim e continuei. Logo o bebê nasceu. A saída da placenta e os pontos não me incomodaram. A enfermeira e a doutora ficaram comentando que eu tava muito calma. A enfermeira falou que quando chamei ela, ela não acreditou que o bebê fosse nascer porque eu ainda não tinha gritado. Acho que eu pude ter um parto calmo assim, sem a médica botar soro, nem fazer nada pra apressar, porque eu tava calma."

2. PREVENÇÃO DE COMPLICAÇÕES NO PARTO

A catarse de integração libera tensões e proporciona o surgimento da espontaneidade, a todos os níveis. Essa liberação a nível dos "mecanismos de arranque" ou "iniciadores físicos" explica o fato de algumas gestantes, que estavam passando da data provável de parto sem apresentar sinais normais de seu início, terem entrado em contrações de parto momentos depois de dramatizarem alguma situação e tomarem consciência dos motivos que as tensionavam. Explica também, provavelmente, a mudança de posição de fetos que se encontravam em posição pélvica, em alguns casos já no final da gestação, e que após dramatizações colocaram-se em apresentação cefálica. Houve, inclusive, um caso em que isto ocorreu horas após uma dramatização, faltando apenas dois dias para a data provável do parto. A hipótese explicativa é que a catarse, liberando a tensão uterina excessiva, permite a rotação do feto.

A prevenção de complicações de parto dá-se também pela aquisição de conhecimentos que permitem às gestantes tomarem medidas preventivas corretas diante de situações-problema. Durante o trabalho em Saracuruna, atendi na segunda gestação uma mulher que na primeira gravidez não tinha tido nenhuma preparação específica além das consultas pré-natais, e teve uma rotura precoce do saco amniótico, no início do 9? mês, e, não tendo conhecimento sobre o líquido amniótico e sobre a possibilidade de sua eliminação, por rotura precoce da bolsa, julgou tratar-se de perda de urina, comum no final da gestação, devida à pressão do útero sobre a bexiga. Não procurou atendimento médico com a prontidão que o caso exigia, o que redundou em o bebê ter nascido com infecção, vindo a falecer. Por outro lado, houve o caso de uma gestante, também de Saracuruna, que teve um descolamento prévio de placenta, e por estar freqüentando o grupo, soube identificar o problema e tomar as providências cabíveis com rapidez, segurança e tranqüilidade, tendo salvo a si própria e ao filho de qualquer dano.

Segue um caso de gestante atendida em sessão única, individual, que ilustra a entrada em ação dos "iniciadores físicos" após *insight* sobre a mitificação do papel de mãe e sobre peculiaridades da relação com a própria mãe, ocorrido durante o emprego de técnica psicodramática — desenho de cena. Em seguida, o depoimento da gestante de Saracuruna, acima citada.

Vera, 24 anos, 1? filho, fisioterapeuta, trabalha com gestantes

Vera havia sido aluna de curso que demos para profissionais de formações diversas (médicos, enfermeiras, fisioterapeutas, psicólogos) sobre a preparação da gestante para o parto. Não fez nenhuma preparação para o seu próprio parto, a não ser o pré-natal, com médico particular de sua confiança. Procurou-me apresentando o seguinte problema: 'Estou com quase 42 semanas de gestação e não entrei em trabalho de parto. Sinto que, apesar de querer parto normal por achá-lo melhor, algo está me tensionando e impedindo de entrar em trabalho e levando-me a precisar de uma cesária. Gostaria de tentar ver o que é'. Marcamos então uma sessão de uma hora e meia. Nesta, Vera apresenta a gestação como desejada por ela e pelo marido, trancorrendo até aquela época sem transtornos ou enjôos e tendo mantido o trabalho até duas semanas antes, e vida sexual normal até aquele momento. Afirma não temer a dor no parto, pois já havia, devido à profissão, assistido a muitos partos indolores ou com dores atenuadas por anestesia. Tinha plena segurança de que seu médico respeitaria seus desejos possíveis e não tomaria nenhuma atitude ou adotaria conduta sem dialogar com ela, pois conhecia-o há muito e assistira a inúmeros partos realizados por ele, confiando nele do ponto de vista técnico e ético. Como, através da verbalização, não estava conseguindo entender o que a tensionava e tolhia a espontaneidade, dei-lhe duas folhas de papel, canetas coloridas e pedi-lhe que desenhasse, numa delas, uma cena de parto normal e, na outra, uma cena de cesárea. Vera desenha em silêncio e depois mostra-me duas cenas, desenhadas com bonecos esquemáticos feitos de traços, retângulos, círculos e triângulos, e diz: 'Não me deu vontade de desenhar cenas de parto. Desenhei cenas de pós-parto de cesárea e de parto normal'. As cenas são quase idênticas. Em ambas há uma cama com um casal deitado, um berço com um bebê e ao redor, na cena que representa o pós-parto de parto normal há duas figuras: uma de criança e uma de mulher e na cena que representa o pós-parto de cesárea há, ao redor do berço, uma criança e duas mulheres, ao invés de apenas uma mulher. Pedi-lhe que dissesse o que está acontecendo em cada uma das cenas e Vera fala: 'Nesta, estou em casa após um parto normal. Repouso com meu marido na cama, e minha irmã e minha sobrinha, que vieram me visitar, estão olhando o bebê que dorme no berço. Nesta outra, estou em casa após uma cesariana e repouso na cama com meu marido. Minha irmã e minha sobrinha vieram me visitar e estão olhando o bebê. Minha mãe também está aqui, pois como fiz cesárea, pedi a ela para passar uns dias comigo, ajudando-me a cuidar do bebê'.

Logo Vera percebe que, devido aos mitos da figura materna como a que tudo provê, só se sentiria no direito de pedir ajuda à mãe caso fizesse uma cesárea, que por ser uma cirurgia dificultar-lhe-ia assumir os trabalhos com o bebê e justificaria o pedido de auxílio. Entende também que na realidade está querendo muito pedir a ajuda da mãe, mesmo em caso de parto normal, mas que apenas não se sente com este direito devido a peculiaridades de sua relação com sua mãe. Conversamos então sobre a questão e Vera conclui que solicitará o auxílio da mãe em qualquer caso. Vai para casa, pede a ajuda da mãe e nessa noite entra em trabalho de parto, tendo uma menina de parto normal.

Leda, instrução primária completa (8ª série), 2º filho
"Eu estava em casa de tarde e comecei a perder sangue. Não era muito mas não parava de sair. Aí me lembrei do que aprendi no curso e vi que tinha que ir logo para a maternidade. Pedi à vizinha pra chamar meu marido no ferro velho onde ele trabalha e que é na nossa rua mesmo. Ele veio logo e fomos para a maternidade em Caxias, na mesma hora. Cheguei lá, falei pro médico o que estava acontecendo e ele ouviu o coração do neném e disse que tinha que fazer cesárea de urgência. Fez, vi tudo e o neném nasceu bem. Se eu não tivesse feito o curso não sabia que o sangue era sinal de perigo e talvez ficasse mais tempo em casa e podia até perder o neném ou eu mesma morrer. Acho que salvei minha vida e a do meu filho porque estava sabendo e fiquei calma e fiz o que tinha que fazer sem me apavorar."

3. TRANSFORMAÇÃO DA "PACIENTE" EM CLIENTE E AGENTE SOCIAL

Tendo a gestante questionado as relações de poder; superado, pelo menos em parte, o medo ao parto; aprendido possibilidades de evitar ou lidar com a dor; e incorporado conhecimentos sobre o parto, seus sinais e processo, ela se sente com possibilidade de transformar-se de paciente em cliente que reivindica seus direitos, explicita seus desejos, sentimentos, emoções, conduz-se, enfim, de forma ativa, como agente de seu parto.

Inúmeros depoimentos de gestantes e puérperas de classe média preparadas por nós, mostram mulheres que discutem com seus médicos a anestesia, a episiotomia, o parto normal após terem feito anteriormente uma cesárea, a posição em que querem parir, a indução, a aceleração etc., conseguindo conquistar o respeito dos obstetras e da equipe.

Entretanto, os exemplos de superação da passividade e de questionamento do poder médico relatados a seguir são frutos do trabalho com a classe popular, em Saracuruna, onde a superação da passividade atingiu dois níveis: 1. O nível pessoal de luta por um atendimento correto; 2. O nível de comprometimento com o social, que levou as mulheres à denúncia pública e à luta coletiva contra o mau atendimento.

Vejamos como a superação da passividade foi evoluindo do nível de luta pessoal para a luta coletiva.

3.1. A transformação em cliente — a luta pessoal

Celina, 26 anos, foi do primeiro grupo de gestantes de Saracuruna, iniciado no dia 14 de julho de 1984. Tinha, na época, instrução de nível superior incompleto (estava no início do curso de pedagogia), era solteira e estava assumindo sozinha a gravidez, apoiada pelo pais, pessoas de poucos recursos financeiros. Quando Celina começou a freqüentar o curso, estava com sete meses e meio de gestação e fazia pré-natal em uma clínica conveniada com o INAMPS, na qualidade de segurada, no bairro de Jardim Primavera, vizinho a Saracuruna. Celina participava muito de todos os debates e, usando o jogo de cartões, dramatizou o parto, vivenciando-o como um parto normal. Em uma das suas últimas consultas pré-natais sofreu uma tentativa de indução do parto, chegando inclusive a ser coagida pelo médico a se internar. Celina, com o apoio da família, saiu da internação e, apenas uma semana depois, entrou naturalmente em trabalho de parto, sendo então maltratada pelo médico, como punição por não ter aceito a indução quando ele quis fazê-la.

Celina, na semana entre a tentativa de indução e o parto, foi a uma sessão do grupo de gestantes e relatou a tentativa de indução que sofrera. Freqüentava o grupo Ângela, 21 anos, casada, primigesta, instrução primária completa (8.ª série), no 5º mês de gestação, fazendo pré-natal como segurada do INAMPS na mesma maternidade em que Celina fora "atendida". Ter ouvido o relato da resistência de Celina foi um dos fatores que levou Ângela a ter coragem de também resistir à igual tentativa, no final de sua gestação. A seguir, seus relatos.

Celina, nível superior incompleto, primeiro filho
"No dia 22 de agosto, de manhã, fui para consulta do pré-natal e fui atendida, como sempre, pelo Dr. Hélio Bulhões.[2] Ele me fez toque e disse que era para eu ficar internada que eu ia ganhar o neném. Como eu tinha feito curso de gestante e sabia os sinais, falei que não era possível, que eu não sentia contrações, nem tinha perdido água, nem o tampão. Ele disse que se eu fosse para casa o bebê nascia no caminho. Eu disse que não era possível, que precisava muito tempo de contrações para o bebê nascer. Ele disse que se não nascesse naquela manhã, nasceria de noite e talvez eu precisasse voltar para me internar de madrugada, que eu devia era ficar logo. Eu respondi que não me importava de voltar, se sentisse os sinais. Aí ele falou que se não me internasse naquele momento ele não se responsabilizaria pela vida do meu filho. Resolvi ficar, mas pedi a uma vizinha para ir avisar meus pais. Ele mandou a enfermeira me preparar e botar no soro. Fiquei no soro e, de tarde, ele veio furar a minha bolsa e aí eu não deixei. Meus pais estavam chegando e como eu continuava sem sentir nada, disse que ia embora para casa de qualquer jeito, que ele estava querendo forçar meu parto. Meus pais me deram força e eu fui embora. Não deixei ele furar a bolsa, porque eu sabia que se furasse o parto tinha que acontecer e como não estava com contrações, achei que ele ia terminar fazendo uma cesária. Aprendi que não se pode ficar de bolsa furada muito tempo, lá no curso. No dia 29, de manhã, senti contrações e fui à Casa de Saúde de Saracuruna e uma médica me examinou e disse que eu estava com dilatação. Fui para casa, almocei pouco; começou a sair muito tampão, assim como um catarro. As contrações estavam de 30 em 30 minutos. Tomei banho. Fiz minha higiene e fui para a Casa de Saúde Jardim Primavera. Aí as contrações já estavam de 20 em 20 minutos. Me internei era três horas da tarde. Lá me botaram no soro e, na metade do vidro, as contrações já estavam de 10 em 10 minutos. Aí o Dr. Hélio rompeu a bolsa. Às 22 horas, as contrações estavam muito fortes. Às 22:45 o Dr. Hélio me levou para a sala de parto, me botou na mesa com as pernas para cima, naqueles ferros, e saiu da sala; me deixou só com a enfermeira. Foi

---

2. Neste depoimento e nos seguintes, não omitimos os nomes dos médicos e Casas de Saúde, pois os mesmos foram denunciados publicamente pelas gestantes em dossiê que foi resumido e publicado pela Comissão dos Direitos da Reprodução da Assembléia Legislativa do Rio de Janeiro, em livreto denominado *Dossiê Caxias: maternidades maltratando mulheres e bebês causam até mortes.*

para um sala perto ouvir música. Da sala de parto eu ouvia a música. Fiquei assim um tempão, pois a menina só nasceu às 23:59. Eu sentia cãimbra e falava para a enfermeira que não estava agüentando. No momento que ele veio me ver, eu disse que ou ele ajudasse o neném a nascer ou me tirasse daquela posição pois eu não estava mais agüentando. Ele falou que se eu tivesse pressa devia ter ficado internada na semana anterior quando ele disse para ficar. E foi embora ouvir música. Eu não agüentava mais. Ameacei que se acontecesse alguma coisa comigo ou com o neném, eu ia fazer algo. A enfermeira foi chamá-lo na sala ao lado. Eu ouvi ela dizer para ele vir, que era mãe de primeiro filho, estava ajudando, não estava gritando e o neném já tinha coroado várias vezes. Aí ele veio. Abriram o soro e o soro esvaziou rapidamente. Deu anestesia, e fez o corte. Eu estava fazendo força, estava difícil o neném sair. Ele disse que ia quebrar o osso. Eu disse que tinha vindo ganhar neném e não ficar aleijada. A enfermeira empurrou minha barriga, quase subiu em cima de mim e aí o neném nasceu. Eu pedi para botar ela em cima de mim. Ele disse: 'Você ainda quer essa coisa toda suja em cima de você?'. Mas botou ela em cima de mim, e como eu chorei abraçada com ela! Acho que o médico se vingou de mim, porque eu não fiquei no dia em que ele quis induzir o meu parto. Ele disse: 'Você é culpada disso tudo que aconteceu porque não quis ficar aqui na semana passada. Se tivesse ficado, você não tinha sofrido o que sofreu'. Mas não me arrependi do que fiz, pois minha filha poderia ter problemas se nascesse antes do tempo certo.''

Ângela, nível secundário, primeiro filho

''Fui à consulta normal. Cheguei lá e ele (o médico) disse: 'Você já está com 9 meses?'. Eu disse: 'Completo amanhã'. Ele disse: 'Talvez você vá ficar internada hoje'. Eu disse: 'Não, doutor! Não estou sentindo nada, nenhum sinal'. Me mandou tirar a calcinha, fez exame, apalpou a barriga e depois disse para a enfermeira: 'Essa vai ficar, mais uma pra gente. Está com três centímetros de dilatação'. Falou: 'Está com o não sei o quê mole'. Acho que foi o colo do útero. Comecei a chorar. Ele disse: 'O que é isso?'. Falei: 'Não estou sentindo nada. Eu tenho que sentir alguma coisa para ficar internada'. Mamãe ficou nervosa; disse: 'É assim mesmo'. Ele dizia: 'Você vai ter seu bebê hoje'. Eu falei: 'Vou em casa falar com meu marido'. Ele disse: 'Não dá tempo porque já está com três centímetros de dilatação'. Comecei a ficar nervosa. Mamãe dizendo: 'Fique, você vai ficar feliz, eu vou buscar as roupas'. Aí eu fiquei sem saber o que fazer e resolvi ficar. Me botaram no soro. Aí veio o meu marido. Já estava lá embaixo pedindo ao médico para entrar, e ele disse que não, porque havia mulheres despidas. O médico trancou a casa de saúde. O médico, quando subiu, não disse que ele tinha estado lá. Meu marido começou a assoviar para mim para eu responder. Aí, eu nervosa, não respondi com medo do médico aparecer. Aí ele subiu na janela e perguntou. 'Tudo bem?'. E eu disse: 'Tudo bem', achando que tava ali no soro mas as contrações iam vir logo. Ele falou: 'Eles estão induzindo teu parto?'. Fiquei sem saber o que responder, com medo da reação dele porque ele é violento. Mas resolvi falar que sim, mas que ia sair tudo bem. Mas ele disse: 'Então pelo amor de Deus, não deixe, saia daí!'. Aí, eu chamei a enfermeira: 'Eu quero que você chame o Dr. Robinson'. Ela foi chamá-lo. Chegou lá o doutor e perguntou: 'Quem está me chamando?'. Eu falei: 'Sou eu'. 'Eu quem? Que que você quer???', já impaciente. Eu respondi: 'Quero ir embora!'. 'Filha, você está em trabalho de parto. Você vai ganhar o neném'. Eu disse: 'Eu sei, mas não vou ganhar esse neném hoje, eu não estou sentindo nada. Sei que o senhor vai induzir meu parto'. Ele disse: 'É o seguinte: seu marido está lá embaixo, perturbando o ambiente de meu trabalho, já brigou comigo. Eu estou fazendo o possível para antes das oito horas da noite todas vocês já estarem com o bebê porque eu não gosto de fazer parto à noite. Você quer ir embora, eu tiro o soro e você vai, mas eu te dou teu cartão do pré-natal e teu pré-natal aqui acabou. Se você chegar ali embaixo e tiver esse neném eu não tenho nada com isso'. Eu pensei: 'Esse neném não vai nascer de repente; dá tempo de eu chegar nem que seja em Saracuruna...' Aí eu falei: 'Tudo bem, pode tirar o soro. Eu quero ir embora'. Ele chamou a enfermeira e mandou tirar o soro e me acompanhar lá embaixo. Vim embora para casa. Aí pedimos carona a uma vizinha que tem carro para me levar na Casa de Saúde São José. Me atenderam de emergência. Eu expliquei tudo o que tinha acontecido. O médico tocou e disse que não estava com dilatação. Ele falou: 'Teu colo está com 'não sei o quê', de fato, eles tentaram induzir teu parto'. Perguntei se não tinha perigo de chegar em casa e passar mal. Ele disse que não. Eu vim para casa. Fui de novo na São José fazer uma consulta, uma semana depois. Expliquei tudo o que tinha acontecido. Ele falou que realmente tinham tentado induzir meu parto e que era um absurdo. Disse que eu estava com um dedo de dilatação e isso não queria dizer nada, que eu podia ganhar naquele dia ou até dali a duas semanas. Saí e andei em Caxias até às sete da noite, mas sentindo o bebê já pesando. Aí cheguei em casa pensando que ia dormir a noite inteira. À uma hora da manhã acordei com dúvida se era cólica ou dor de barriga. Aí, quis ir para casa de minha mãe e meu marido disse: 'Vamos esperar para ver se é a contração'. Eu me lembrei do que tinha aprendido no curso pré-parto e resolvi esperar. Dali a algum tempo a dor veio de novo. Foi um espaço bem bom. Cheguei a cochilar. Aí começou a vir e meu marido começou a contar os minutos. Dessa eu não me lembro mais. Tava com muita alegria, com muita apavoração. Comecei a relaxar e respirar, às vezes não. Às três da manhã disse: 'É contração mesmo. Vamos para a casa da mamãe'. Aí fiquei lá e consegui relaxar. Às sete horas a dor tava só nas cadeiras, aí eu fui para a Casa de Saúde. Cheguei lá mais de oito horas. Quando cheguei, não estava sentindo nada, nem na barriga, nem nas cadeiras e fiquei pensando que era um alarme falso. Mas, como ela disse que já estava com dois e meio, fiquei lá. Aí a dor começou a vir. Comecei a fazer várias posições e a que me dei melhor foi de lado. Aí eu fiquei chamando os médicos toda hora. A Dra. Fernanda veio e furou minha bolsa; eu chamava a enfermeira para ficar comigo. Ela me sugeriu respirar fundo quando viesse a contração e eu fiz e foi uma beleza. Aí, foram chamar o médico. Dr. Paulo me fez o toque e mandou me levar para a mesa de parto. Andei até lá, perto da mesa de parto disse que estava com vontade de fazer cocô. Ele disse: 'Bota ela depressa na posição que já vai nascer'. Aí fiz uma força, não nasceu. Depois, fiz mais força e aí, nasceu!''

3.2. A transformação em agente social — a luta coletiva

Celina e Ângela foram ao grupo, com seus bebês, relatar seus partos. Durante o ano de 1985 outras mulheres do grupo viveram, em clínicas conveniadas com o INAMPS e na qualidade de seguradas, problemas de mau atendimento. Algumas, secundíparas e multíparas, relataram problemas em partos anteriores. Nessas mulheres foi crescendo o desejo de denunciarem os abusos sofridos. Foram então convidadas, pela agente de saúde da Associação de Moradores de Saracuruna, a participar do I Encontro de Saúde da Mulher em Caxias, denominado FALA MULHER e promovido pelo Grupo de Mulheres do MUB (Movimento União de Bairros), federação que congrega a maioria das Associações de Moradores do município. Esse encontro foi fruto do I Encontro Popular pela Saúde de Caxias, realizado em dezembro de 1985, promovido pelo Conselho Comunitário de Saúde, criado em setembro de 1985, e pelo MUB e cujo tema central foi a fiscalização das unidades de saúde e no qual várias denúncias foram feitas em relação à precariedade do atendimento.

No Encontro FALA MULHER, as mulheres, não só do grupo de gestantes de Saracuruna, mas também de outros bairros, relataram o péssimo atendimento à maternidade e daí saiu a proposta, aprovada em sessão plenária final, de elaborar um dossiê com casos de mau atendimento às gestantes e parturientes e encaminhá-lo às autoridades de saúde municipais, estaduais e federais e ao Conselho Comunitário de Saúde de Duque de Caxias.

Esse dossiê foi elaborado pelo Grupo de Mulheres do MUB, com a Assessoria do Centro Comunitário de Duque de Caxias, da Igreja Metodista, representado por mim, e dele constam depoimentos de oito mulheres, todas atendidas como seguradas em clínicas conveniadas com o INAMPS. Foi entregue no I Seminário de Saúde de Caxias, realizado em 12 de abril de 1986, às seguintes autoridades: prefeito de Duque de Caxias, secretário de Saúde, coordenador regional, diretor estadual e presidente do INAMPS, presidente do Conselho Regional de Medicina, do Sindicato dos Médicos, da Ordem dos Advogados do Brasil, da Comissão de Direitos da Reprodução da Assembléia Legislativa do Rio de Janeiro, da FAMERJ (Federação de Associações de Moradores do Rio de Janeiro) e da FAFERJ (Federação das Associações de Moradores de Favelas do Rio de Janeiro). Das oito mulheres que tiveram a coragem de apresentar depoimento público no referido dossiê, seis tinham participado do grupo de gestantes de Saracuruna, sendo duas delas Celina e Ângela. Os depoimentos das outras quatro são relatados a seguir:

Jacira, primeiro grau completo (8ª série), freqüentou o grupo na segunda gestação

"Comecei o pré-natal na Casa de Saúde Saracuruna, em dezembro de 1982. Falaram que o neném era para o final de agosto. No pré-natal só mandaram fazer exame de sangue e mandaram tomar vitamina. Nos primeiros meses só apalpava a barriga, media e tirava a pressão. Até os quatro meses tiravam a pressão, depois não tiravam mais. Só voltaram a tirar a pressão quando fui lá passando mal. Com seis meses, perguntou se eu ia ligar. Eu disse que não, que era o primeiro neném. Antes disso, ele, o médico, conversava mais, depois parou de conversar. O atendimento era rápido, mandava entrar, escutava o neném com um aparelho parecido com um tubo de esparadrapo, só que mais comprido, e passava vitamina, media e falava que o neném estava miúdo, e mandava entrar outra. Numa sexta-feira, dia 19 de agosto, comecei a sentir que a barriga estava ficando dura e mole, e fui para ele me examinar, o Dr. Sérgio, meu médico, me examinou. Escutou, mediu, fez toque e disse que não era para aquela semana. Voltei para casa. No domingo de madrugada estava sentindo muita cólica e fui lá. Aí, fizeram exame local. Acho que era um acadêmico, ele falou para a enfermeira para dar uma injeção de Lasix em mim. Falou para mim que eu estava com pressão alta e com um centímetro de dilatação. Falou para eu voltar para meu médico na segunda-feira. Voltei na segunda-feira pela manhã, às sete horas. Dr. Sérgio me examinou, apertou a barriga, escutou, me deu um papel e mandou eu vir em casa buscar as coisas para me internar. No papel estava escrito: feto negativo. Li no meio da rua; eu tremia e chorava. Fui buscar minha mãe, vim para casa, chorei, botei a mão na barriga e disse: 'Ah, meu Deus! Meu filho está morto!'. Depois pensava: 'Não está morto, não'. Quando cheguei lá, perguntei ao Dr. Sérgio se meu filho estava morto e ele disse que não, que eu me acalmasse. Ele me botou no soro, me fizeram lavagem. Fiquei no soro de segunda-feira até terça-feira ao meio-dia. Eu mesma tirei o soro porque não estava agüentando. Durante esse tempo, o Dr. Odir disse que o neném estava morto, outro dizia que estava vivo. Eu ficava desesperada. Ninguém me dizia nada certo. Um dizia que estava morto, outro dizia que estava vivo. Tirei o soro, aí o Dr. me examinou o local e me mandou para a Dra. França. Ouvi ela dizer: 'Pode vir, rabuda é sempre comigo, seja o que Deus quiser'. Ela me deu anestesia, cortou e tirou o neném a fórceps. Vi que era normal, tinha cabelo, sobrancelha, tudo. Falaram que ele morreu de insuficiência intra-uterina placentária e que tinha sete meses, 27 semanas. Depois de cinco meses da morte do neném, fiquei esperando outro. Fui para o pré-natal na Casa de Saúde Santo Antônio, no centro de Caxias. O médico pediu exame de urina e sangue. Contei tudo que se passou no primeiro e ele disse que estava tudo bem. Fiquei fazendo pré-natal e tudo estava normal até os oito meses. Ele fazia todos os exames, media, escutava o neném, me pesava. Um dia, quando fez oito meses, eu não senti o bebê mexer e fui procurá-lo. Eu falei que queria cesariana por causa do primeiro e ele cobrou Cr$ 300 mil. Fui em outro lugar onde ele trabalhava e ele ouviu o bebê com amplificador e estava tudo bem. Fiquei toda contente. No final do oitavo mês ele me marcou para ir duas vezes por semana, às segundas e quartas-feiras. A data prevista para o parto era final de outubro e quando fui lá, no dia 22 de outubro, o Dr. Luis Celso escutou o neném e chamou o Dr. Galvão. O Dr. Galvão escutou o neném e aconselhou bater a ultrassonografia. Fui marcar, vim buscar o dinheiro e fui fazer o ultrassom. O Dr. Cristiano da Semicol disse que tinha que operar com urgência! Fui com meu marido, mostrei o ultrassom ao Dr. Luis Celso e disse que o Dr. Cristiano havia dito para operar com urgência. O Dr. Luis Celso ligou para ele e perguntou se não podia bater outra ultrassonografia. Acho que ele disse que não, que operasse logo... porque o Dr. Luis Celso bateu o telefone e me disse para na quarta-feira fazer um exame de coração do bebê na Santa Casa, no Rio. Eu vim embora e fui ao Dr. Oscar, médico particular. Quando mostrei a ultrassonografia para ele, ele me examinou e disse que tinha que operar urgente. Como era noite, ele disse que era difícil achar o colega dele para pedir que me operasse. Esse médico, que era amigo dele, no outro dia de manhã cedo me operou. Ele disse que, se demorasse mais um pouco, o neném tinha morrido. Nasceu com 2kg e 300g; o cordão estava ressecado e havia pouca água.''

Enaíde, 1º grau completo (8.ª série), primeiro filho

"Fiz meu pré-natal todo na Casa de Saúde e Maternidade Santo Antonio. No dia 22 de junho, mais ou menos, às 23 horas, comecei a sentir contrações. Fiquei em casa até às seis horas do domingo, dia 23 de junho, e fui para a Santo Antonio; cheguei lá às sete horas e fui para a enfermaria. Fiquei lá tendo contrações. O médico me fez um toque e disse que ia demorar um pouco. Lá pelas nove horas, me deu outro toque; quase 10 horas ele me deu outro toque e me mandou para a sala de parto. Aí na sala de parto, o bebê nasceu logo, fiz umas duas forças e ele nasceu bem. Mas eu comecei a perder muito sangue, minha pressão baixou, fiquei totalmente sem força. Eu pensava e via, mas não falava. Eu escutava o médico dizendo assim: 'Se você sentir tonteira, você me avisa'. Aí eu fiquei pensando assim: 'Ué, o que está acontecendo?'. Ainda tive força de perguntar: 'Tá acontecendo alguma coisa?'. Mas ele disse: 'Não, não... só se você sentir tonteira me avise'. Aí eu senti a tonteira, só que fiquei sem força de falar. Aí ele mandou a enfermeira telefonar para a casa de um médico para ele vir urgente. Não foi achado o médico, então ele pediu para telefonar para o Duque de Caxias para me transferir para lá urgente porque lá não tinha médico. Acho que ele era estudante, porque se não fosse, não precisava ele dizer para a enfermeira conseguir um médico com urgência. Fui transferida para o Duque, em ambulância do Duque porque na Santo Antonio não tinha ambulância. Fui transferida às pressas com um negócio de tomar sangue e dois de soro. Chegando lá, me atendeu a Dra. Eliane; fiquei umas duas horas ela me fazendo 'não sei o que' na sala de operação. O médico da Santo Antonio não me explicou o que tive, mas no Duque de Caxias, perguntei quando já estava na sala de repouso, o médico disse que não sabia explicar a razão por que tinha acontecido de eu ter uma rotura de colo de útero. Apesar de ter acontecido isso, achei a Santo Antonio melhor que o Duque; fui bem atendida lá na Santo Antonio pelas enfermeiras e pelo que fez o parto (que eu acho que era estudante). A falha foi não ter médico e nem ambulância. Já no Duque tinha médicos, aparelhagem, mas quando a gente queria uma enfermeira, elas demoravam, passavam da hora de dar remédio, de fazer curativo; achei o atendimento pior.''

Edna, 1º grau completo (8ª série), 3º filho
Freqüentou o grupo na terceira gestação. Já tinha uma filha de cinco anos e no 2º parto seu feto nasceu morto, devido, provavelmente, ao mau atendimento, visto que tendo se internado numa quinta-feira pela manhã, com o feto vivo, conforme afirmou a médica após ouvir os batimentos cardíacos fetais, porém com sangramento e fortes dores, foi colocada de repouso, com soro, e só voltou a ter seu feto auscultado na sexta-feira à tarde, quando já constataram morte fetal. No terceiro parto teve bom atendimento, tendo um menino por via vaginal. Seu relato para o Dossiê Caxias é do 2º parto:

''Eu fiz o pré-natal na Casa de Saúde de Saracuruna. Aos sete meses eu comecei a sentir dores. Fui ao médico; então ele passou Dactil-OB e repouso. Três dias depois voltei ao médico, numa quinta-feira de manhã, pois as dores estavam muito fortes, estava também com um pouquinho de sangramento. Chegando na Casa de Saúde de Saracuruna — devia ser umas oito horas da manhã —, a médica me examinou e disse que eu estava com dois centímetros de dilatação, que eu teria que ficar internada e que me colocassem no soro porque iriam tentar segurar o bebê. Quando eu cheguei, a criança estava mexendo; eu me lembro que ela ouviu o coração da criança. Me colocaram no soro e me deram uma injeção aplicada no soro; mas mesmo assim as dores não passaram. Quando foi sexta-feira à tarde, pedi ao meu marido que se comunicasse com o meu médico. Ele chegou à noite, pois tinha uma cesariana para fazer. Ele então escutou a criança e disse ao meu marido que a criança tinha morrido; quando foi de madrugada o meu filho nasceu. Quando cheguei na Casa de Saúde só ouviram o neném uma vez... só quando dei entrada, depois só na sexta-feira à tarde, quando meu médico chegou foi que ele escutou o neném, mas já estava morto."

Edith, instrução primária completa, 5º filho, freqüentou o grupo por um mês apenas, no final da quinta gestação

"Meu problema atual que é estar com um buraco na vagina, por onde passam fezes, foi conseqüência do atendimento que tive no meu quinto parto, na Casa de Saúde Jardim Primavera. Meu parto foi assim: fui lá no dia seis de setembro de 1984, às 19 horas, porque estava sentindo dores, contrações. Fui atendida pelo Dr. Robinson. Ele disse que eu já estava com dilatação e que era para eu ficar, que o menino ia nascer naquele dia. Aí, fiquei. Ele me colocou no soro, depois me aplicou uma injeção. Depois da injeção começou a me dar contrações fortes. Ele me fez toque e disse que estava com quatro centímetros de dilatação e que já tinha quatro filhos e nunca os médicos tinham furado a bolsa com quatro centímetros de dilatação, que eles sempre furaram quase na hora da criança nascer. Aí ele falou que furando a bolsa, o parto ia ser mais rápido, que era para eu deixar. Aí deixei. Depois que ele furou, as dores aumentaram e aí, quando foi 2:50 da manhã, ele me levou para a sala de parto. Quando cheguei na sala de parto, senti uma dor muito forte, cheguei a baixar no chão. Quando eu me levantei e eles me colocaram na mesa, a dor acabou totalmente e eu não senti dores para o neném nascer. Eles mandaram eu fazer força, eu fazia, mas não era aquela força de quando eu ia ter os outros. Então a enfermeira subiu em cima de minha barriga e o médico pegou e me enfiou a mão e começou a fazer aquela força para o neném nascer, e ele não nascia de jeito nenhum. Aí quando foi três da manhã, de tanto o médico fazer força e a enfermeira subir em cima de mim, o neném nasceu. Nos outros partos eu sentia quando eles cortavam com bisturi. Deste não, eu senti que ele rasgava, assim, com a mão. Depois ele me costurou, eu senti muita dor, tanta que eu não podia nem virar na cama. Fui embora para casa no dia seguinte e comecei a usar os remédios que eles passaram para os pontos, só que os pontos começaram a inflamar, inflamar, inflamar e começaram a cair. Aí voltei na Casa de Saúde. Quem me atendeu foi o Dr. Maia, com quem eu tinha feito o pré-natal. Ele falou que os pontos não tinham segurado e que eu tinha que fazer nova sutura. Aí marquei com ele para o sábado seguinte, porque teria que me dar um remédio para desinflamar e eu voltar. Voltei dali a quinze dias e o próprio

Dr. Robinson fez outra vez a sutura. Me disse que ia costurar com outro tipo de linha para ver se segurava. Ele deu os pontos e me mandou embora para casa. Só que a mesma coisa começou a acontecer: saía fezes pela vagina, tinha que ficar limpando aquilo e começou a abrir tudo de novo. Voltei lá porque tinha dito que eu teria que tirar aquela linha, que era linha que costurava operação. Então fui lá tirar. Quem me atendeu foi o Dr. Maia. Falei para ele: 'Estou sentindo que está tudo aberto, que não cicatrizou'. Ele falou: 'Não, tá ótimo, não tem nada aberto, não! Só que mais tarde você vai ter que fazer uma operaçãozinha de períneo, mas não tem problema não. Só que eu só faço períneo em quem já fez ligação de trompas. Você faz a ligação de trompas, depois vem aqui e marca, que só fazemos o períneo. Mas agora, no momento, não. Isso aí está ótimo'. Eu já tinha tido quatro filhos, em todos levei pontos e sabia que não estava legal. Aí procurei o curso no Subposto de Saracuruna e me indicaram para procurar o Dr. Carlos, obstetra, no Hospital Municipal Duque de Caxias. Procurei este médico, contei tudo para ele. Ele olhou e achou os pontos ainda por dentro. E o Dr. Maia mesmo tinha dito que era para tirar aquela linha, mas não tirou. O Dr. Carlos é que tirou um pedaço enorme de linha de dentro de mim. Dr. Carlos falou para mim que não estava certo, que o certo era dar um ponto e um nó, depois outro ponto e outro nó e que o médico tinha chuleado; falou que teria que fazer duas operações para consertar o reto e o períneo. Me passou remédio e falou para depois que desinflamasse fazer a operação.''

Algumas dessas mulheres foram procuradas por representantes das clínicas conveniadas com ameaças veladas, perguntas sobre o que desejavam para retirar a denúncia ou convites para irem à maternidade assinarem novas fichas de alta porque as da época do parto tinha se "extraviado". Nenhuma delas aceitou as propostas.

O INAMPS e o Conselho Regional de Medicina instauraram inquéritos, nos quais todas as mulheres, exceto uma, foram prestar depoimento. A que se negou a depor, assim procedeu por sentir-se amedrontada, mas mesmo assim não desmentiu as acusações que já havia feito publicamente.

Uma das mulheres, ao ser perguntada pelo representante da Casa de Saúde sobre "o que queria com essa denúncia" respondeu-lhe: "O que mais quero não posso ter: a vida de meu filho de volta. Fora isso, só quero alertar outras mulheres para que não sofram o que sofri". Algumas foram procuradas pela imprensa e deram depoimentos aos jornais, resguardando o sigilo do seu nome e pedindo para não serem fotografadas. Uma delas foi ao Encontro Nacional de Saúde da Mulher, em 1986, em Brasília, onde reiterou publicamente suas denúncias. Seus relatos, juntamente com a análise da situação e suas reivindicações, contidas no Dossiê Caxias, foram publicados em livreto denominado *Dossiê Caxias: maternidades maltratando mulheres e bebês causam até mortes*, pela Comissão Especial dos Direitos da Reprodução da Assembléia Legislativa do Rio de Janeiro.

O INAMPS descredenciou as Casas de Saúde de Jardim Primavera e Saracuruna onde ocorreram este fatos e, posteriormente, a Casa de Saúde Jardim Primavera foi fechada pela Vigilância Sanitária do Estado.

Os resultados do trabalho, aqui apresentados, são alguns que julgo relevantes, e destaco entre os possíveis. Sem dúvida não são os únicos: outros foram relatados por ex-clientes, no pós-parto: tranqüilidade no amamentar e lidar com o bebê, relação mãe/filho desmistificada e vivida com prazer, sem exigência e culpas excessivas etc.

E haveria outras conseqüências, ao longo da vida, da vivência espontânea e criativa de experiências tão profundas quanto gestação e parto? Acredito que certamente existam e sejam muitas, pois concordo com o que é dito neste trecho de depoimento, escrito no puerpério, por gestante de nível superior que freqüentou o grupo do CEAMI, na primeira gestação, da qual teve, de parto normal, uma menina:

"O ato de parir é o ato mais criativo do ser humano, da mulher. Parir é criar a vida (...) Daí a força que surge através da conscientização desse processo: a descoberta da incompatibilidade entre este imenso potencial da mulher e sua posição inferiorizada na história dela como ser individual e cultural (...) É necessário que a própria mulher retome este nível de conscientização para aflorar como pessoa íntegra, na sua relação com o homem. A partir daí não se sabe o rumo que esta relação vai tomar. Eu, em particular, não sei responder porque não sei aonde ou a que nós (eu e ele) vamos chegar. É o novo: assustador, desconhecido mas extremamente arrebatador. E que acima de tudo se impõe."

3.3. Conclusão

O parto é uma vivência universal e inaugural da vida humana. A todos deveria ser assegurado o direito de vivê-lo de forma saudável e feliz.

Na consecução deste objetivo, o psicodrama, quer na sua modalidade pedagógica, quer na terapêutica, ou na utilização integrada de ambas, tem na nossa cultura possibilidade de desempenhar importante papel. Constitui-se, pois, este trabalho numa relevante atividade preventiva, na área da saúde biopsíquica. Não afirmo que o trabalho de psicodrama com gestantes garanta, a todas as mulheres que dele participem, um parto tranqüilo, espontâneo e criativo. Inúmeros fatores, tanto de ordem individual quanto social podem dificultar ou diminuir o êxito do trabalho. Contudo, apesar de não termos estatísticas para prová-lo, estou segura de que a maioria absoluta das clientes beneficiou-se com o trabalho, vivendo o parto como um processo criativo e integrador, e não como um momento de sofrimento e desestruturação, comum a muitas mulheres.

Acredito, também, que as possibilidades de vivência de partos seguros e felizes, para a grande maioria das mulheres brasileiras, estão na construção de uma sociedade em que existam condições de vida dignas; em que as relações sejam de respeito e cooperação e não de exploração; em que homens e mulheres vivam afeto e apoio mútuos e não disputas e discriminações.

Apenas aponto as possibilidades deste tipo de trabalho, deixando a outros a tarefa de aprofundar a questão, através de prática e estudos mais sistematizados.

Oxalá esta experiência motive outros a retomá-la, criticando-a e aperfeiçoando-a, não a deixando "morrer nas garras da conserva cultural".[3]

---

[3]. Esta expressão é usada por Moreno, em um apelo: "Sê espontâneo! Anima-te a criar! Não tomes a minha obra como dogma, porque estarás traindo a sua essência; toma-a como encontro, transforma-a, não a deixes morrer nas garras da conserva cultural", citado por Naffah Netto, na quarta capa de seu livro, *Psicodrama. Descolonizando o imaginário, op. cit.*

BIBLIOGRAFIA ESPECÍFICA

ALTHUSSER, Louis. *Aparelhos Ideológicos do Estado*. 3. ed. Rio de Janeiro, Graal, 1987.
ALVES, Branca Moreira *et alii*. *Espelho de Vênus. Identidade sexual e social da mulher*. São Paulo, Brasiliense, 1981.
ARIÈS, Phillipe. *História social da criança e da família*. Rio de Janeiro, Zahar, 1978.
BADINTER, Elisabeth. *Um amor conquistado: o mito do amor materno*. Rio de Janeiro, Nova Fronteira, 1985.
BARROS, Antonia Arlinda de Souza *et alii*. *Rocinha, mães e vidas. Depoimentos*. Rio de Janeiro, Editorial Alhambra, 1985.
BÍBLIA SAGRADA — São Paulo, Edições Paulinas, 1962.
BOLETÍN Epidemiológico — Organizacion Panamericana de la Salud, v. 7, n? 5/6, 1986.
CAPLAN, G. *Principles of Preventive Psychiatry*. Nova York, Basic Books, 1964.
CHAVES, Sandra. "Cesariana — uma preferência cada vez maior das mulheres e dos médicos?" *Jornal do Brasil*, Rio de Janeiro, 15 jun. 1982.
DEUTSH, Helene. *La psicologia de la mujer*. Buenos Aires, Edición Losada, 1947.
FOUCAULT, Michel. *Microfísica do poder*. Rio de Janeiro, Graal, 1983.
GODELIER, Maurice. "As relações homem-mulher: o problema da dominação masculina". *Encontros com a Civilização Brasileira*. Rio de Janeiro, (26): 9-29, 1980.
GREENBERG, Ira A. *et alii*. *Fundamentos y Normas del Psicodrama*. Buenos Aires, Paidós, 1977.
LANGER, Marie. *Maternidade e sexo*. Porto Alegre, Artes Médicas, 1986.
MALDONADO, Maria Tereza P. *et alii*. *Psicologia da gravidez*. Petrópolis, Vozes, 1976.

_____. *Relação médico-cliente em ginecologia e obstetrícia*. Petrópolis, Vozes, 1978.

MEAD, Margareth. *Male and Female. A study of the sexes in a changing world*. Willian Morrow & Company, Nova York, 1949.

MELLO, A. da Silva. *Assim nasce o homem*. Rio de Janeiro, Civilização Brasileira, 1966.

MICHEL, Andrée. *O feminismo, uma abordagem histórica*. Rio de Janeiro, Zahar, 1982.

MORENO, J. L. *Fundamentos do Psicodrama*. São Paulo, Summus Editorial, 1983.

_____. *Psicodrama*. São Paulo, Cultrix, 1975.

_____. *Psicoterapia de Grupo e Psicodrama*. São Paulo, Mestre Jou, 1974.

MURARO, Rose Marie. *A sexualidade da mulher brasileira. Corpo e classe social no Brasil*. Petrópolis, Vozes, 1983.

NAFFAH NETTO, Alfredo. *Psicodrama. Descolonizando o imaginário*. São Paulo, Brasiliense, 1979.

READ, G. D. *Childbirth Without Fear*. Nova York, Harper & Brother, 1942.

RIBEIRO DA COSTA, Maria da Glória. *Prática Médica. Dominação e Submissão*. Rio de Janeiro, Zahar, 1976.

SAFFIOTI, Heleieth Iara Bongiovani. *A mulher na sociedade de classes; mito e realidade*. Petrópolis, Vozes, 1979.

SALEM, Tania. "Duas faces de Eva: a grávida e a puta." Mimeo.

Bibliografia complementar

BEAUVOIR, Simone de. *O segundo sexo. Fatos e mitos*. São Paulo, Difusão Européia do Livro, s.d.

_____. *O segundo sexo. A experiência vivida*. Rio de Janeiro, Nova Fronteira, 1980.

BELOTTI, Elena Gianini. *Little girls*. Londres, Writers and Readers Publishing Cooperative, 1975.

BOLTANSKI, Luc. *As classes sociais e o corpo*. Rio de Janeiro, Graal, 1979.

BOUQUET, Carlos Martinez *et alii*. *Psicodrama. Cuándo e por qué dramatizar*. Buenos Aires, Proteo, 1971.

BOUR, Pierre. *Psicodrama e vida*. Rio de Janeiro, Zahar, 1974.

BRANDÃO, Carlos Rodrigues. *O que é educação*. São Paulo, Brasiliense, 1981.

BUSTOS, Dalmiro M. *et alii*. *Psicodrama*. São Paulo, Summus Editorial Ltda., 1980.

COSTA, Jurandir Freire. *Ordem Médica e Norma Familiar*. 2ª ed. Rio de Janeiro, Graal, 1983.

DONZELOT, Jacques. *A política das famílias*. Rio de Janeiro, Graal, 1980.

ENGELS, Friedrich. *A origem da família, da Propriedade Privada e do Estado*. 11ª ed. Rio de Janeiro, Civilização Brasileira, 1987.

FREIRE, Paulo. *Pedagogia do Oprimido*. 13ª ed. Rio de Janeiro, Paz e Terra, 1983.

FREUD, Sigmund. *Obras Completas*. Madri, Editorial Biblioteca Nueva, 1948.

GRAMSCI, Antonio. *Concepção Dialética da História*. 7ª ed. Rio de Janeiro, Civilização Brasileira, 1987.

GREENBERG, Ira A. *et alii*. *Técnicas del Tratamento Psicodramatico*. Buenos Aires, Paidós, 1978.

LEITE, Rosalina de Santa Cruz. *A Operária Metalúrgica*. São Paulo, Semente, 1982.

MACHEL, Samora *et alii*. *A libertação da mulher*. São Paulo, Globo, 1979.

MALDONADO, Maria Tereza P. *et alii*. *Nós estamos grávidos*. Rio de Janeiro, Bloch, 1978.

MARX-ENGELS, LENIN. *Sobre a mulher*. São Paulo, Global, 1979.

MORENO, J. L. *O teatro da espontaneidade*. São Paulo, Summus Editorial, 1984.

SALEM, Tania. "O ideário do parto sem dor: uma leitura antropológica." *Boletim do Museu Nacional*. Rio de Janeiro, (40): 1-27, ago., 1973.

_____. "A tragetória do 'casal grávido': de sua constituição à revisão de seu projeto", in *Cultura da Psicanálise*. São Paulo, Brasiliense, 1985.

SOIFER, Raquel. *Psicologia da gravidez, parto e puerpério*. Porto Alegre, Artes Médicas, 1980.

VIDELA, Mirta. *Maternidad: mito y realidad*. Buenos Aires, Paidós, 1973.

IMPRESSO NA
sumago gráfica editorial ltda
rua itauna, 789   vila maria
02111-031   são paulo   sp
telefax 11 **6955 5636**
sumago@terra.com.br

------- dobre aqui -------

> ISR 40-2146/83
> UP AC CENTRAL
> DR/São Paulo

CARTA RESPOSTA
NÃO É NECESSÁRIO SELAR

O selo será pago por
SUMMUS EDITORIAL
05999-999 São Paulo-SP

------- dobre aqui -------

MULHER, PARTO E PSICODRAMA

CADASTRO PARA MALA DIRETA

Recorte ou reproduza esta ficha de cadastro, envie completamente preenchida por correio ou fax, e receba informações atualizadas sobre nossos livros.

Nome: _____ Empresa: _____
Endereço: ☐ Res. ☐ Coml. _____ Bairro: _____
CEP: _____ - _____ Cidade: _____ Estado: _____ Tel.: (___) _____
Fax: (___) _____ E-mail: _____
Profissão: _____ Professor? ☐ Sim ☐ Não Disciplina: _____ Data de nascimento: _____

1. Você compra livros:
☐ Livrarias ☐ Feiras
☐ Telefone ☐ Correios
☐ Internet ☐ Outros. Especificar: _____

2. Onde você comprou este livro? _____

3. Você busca informações para adquirir livros:
☐ Jornais ☐ Amigos
☐ Revistas ☐ Internet
☐ Professores ☐ Outros. Especificar: _____

4. Áreas de interesse:
☐ Psicologia ☐ Comportamento
☐ Crescimento Interior ☐ Saúde
☐ Astrologia ☐ Vivências, Depoimentos

5. Nestas áreas, alguma sugestão para novos títulos? _____

6. Gostaria de receber o catálogo da editora? ☐ Sim ☐ Não
7. Gostaria de receber o Ágora Notícias? ☐ Sim ☐ Não

Indique um amigo que gostaria de receber a nossa mala direta

Nome: _____ Empresa: _____
Endereço: ☐ Res. ☐ Coml. _____ Bairro: _____
CEP: _____ - _____ Cidade: _____ Estado: _____ Tel.: (___) _____
Fax: (___) _____ E-mail: _____
Profissão: _____ Professor? ☐ Sim ☐ Não Disciplina: _____ Data de nascimento: _____

Editora Ágora
Rua Itapicuru, 613 7º andar 05006-000 São Paulo - SP Brasil Tel (11) 3872 3322 Fax (11) 3872 7476
Internet: http://www.editoraagora.com.br e-mail: agora@editoraagora.com.br